Für Christian
Geschenke der Erde
♡ - lichst
Doris Steiner

Weihnachten 2016.

GRANDE RESERVA

Für Christian

Geschenke der Erde

♥-lichst

Bruce Steiner

Weihnachten 2016.

GRANDE RESERVA

DOUCE STEINER

DOUCE

Unsere verrückte Gemüsewelt

HERAUSGEGEBEN VON CHRISTIAN HODEIGE
FOTOGRAFIERT VON MICHAEL WISSING

GRANDE RESERVA

FREI HERAUS

Ein etwas anderes Vorwort – vielmehr eine persönliche Offenbarung oder eine wahre Kurzgeschichte über ein seltenes Paar, dem das, was es lebt, nur gemeinsam genau so gelingen kann. Ein Paar, das den Genuss liebt und sich darin vollkommen ergänzt, dessen Gegensätze sich wechselseitig fügen und komplettieren, weil jeder auf seine Art denkt. Ein Paar, das letztlich so gut zusammenpasst, dass es perfekter kaum sein könnte, gerade weil es so unterschiedlich ist. Mann und Frau sind in ihrer Natur divergente Wesen; erscheint es da nicht wie ein Kunstwerk, dass sie beide zusammen funktionieren? Oder ist es vielleicht genau das, was sie zusammenbringt und zusammenhält? Ich denke, es ist wichtig, die eigene Identität und Persönlichkeit zu leben und dem anderen dabei offen zu begegnen, ihn in seiner Andersartigkeit anzunehmen und wertzuschätzen. Nur so können beide aneinander wachsen und Großes für sich auch im Kleinen erreichen.

Udo, ich danke Dir für das, was Du mir bist.
Du hast deinen Kopf, ich habe meinen.
Du hast deine Vorstellungen, ich füge meine dazu – oder umgekehrt.
Zusammen sind wir ein Ganzes – mit unserer Tochter Justine eine Familie.
Und dass es so ist, das macht mich glücklich.

INHALT

Als Udo und ich noch auf der Hotelfachschule waren, haben wir an den Wochenenden oft bei meinen Eltern gearbeitet, um unser Budget für kleine Alltagsfluchten aufzubessern. Auf der sonntäglichen Rückreise sind wir mit Vorliebe bei unserem Stammitaliener in Heidelberg eingekehrt, um diese Einkünfte – ich muss es so deutlich sagen – mit Genuss „zu verfressen". Das war ein kleines und schlichtes Restaurant, gar nichts sonderlich Spektakuläres, das Essen dort erschwinglich und einfach genial. Keine Karte, alles auf Ansage – und nur zu gerne haben wir ganz auf den Chef des Hauses vertraut und uns einfach überraschen lassen. Dort habe ich seinerzeit eigentlich zum ersten Mal grünen Spargel gegessen. Oder vielleicht zum ersten Mal einen, der so ungemein gut war: Nur kurz in brauner Butter geschwenkt und ein feiner Hauch Parmesan darüber gehobelt. Bissfest und intensiv nussig, überwältigend im Geschmack. Mag sein, dass unsere Stimmung ihren Teil dazu beigetragen hat, aber letztlich ist es egal. Ich habe mir das gemerkt und serviere ihn heute selbst gern auf diese Art. Diesen Italiener gibt es heute leider nicht mehr, aber wenn es so wäre, er wäre ganz sicher immer noch eine unserer erklärten Lieblingsadressen…

Brunnenkresse entfaltet eine herbe, leicht bittere Würze und angenehme Schärfe; sie zählt zu meinen liebsten heimischen Wildkräutern, ergänzt Suppen und Salate genial und harmoniert sehr schön mit Äpfeln und Birnen sowie Zitrusfrüchten aller Art.

GRÜNE SPARGELRÖLLCHEN MIT WACHTELEISPIEGELEI UND MARINIERTER BRUNNENKRESSE

12 Stangen weißer Spargel
4 dicke Stangen grüner Spargel
4 Wachteleier
Butter zum Braten

SCHNITTLAUCHVINAIGRETTE
1 EL Weißweinessig
3 EL Olivenöl
1 EL Spargelwasser
Salz, Pfeffer
½ Bund Schnittlauch, fein geschnitten

1 Bund Brunnenkresse, grob gezupft

Die weißen Spargelstangen schälen und etwa 5 Minuten in Salzwasser kochen. Den grünen Spargel schälen, mit dem Sparschäler zu langen Spänen verarbeiten und ebenfalls kurz in Salzwasser garen. Etwas Spargelwasser für die Schnittlauchvinaigrette beiseitestellen.
Den weißen Spargel in lange Stücke schneiden und mit den grünen Spargelspänen umwickeln.

Die Wachteleier kurz vor dem Servieren in Butter zu Spiegeleiern braten.

Für die Schnittlauchvinaigrette alle Zutaten miteinander vermengen.

Die Spargelröllchen auf Tellern anrichten und vor dem Servieren eventuell kurz im Backofen erwärmen. Mit Brunnenkresse bestreuen und mit der Schnittlauchvinaigrette marinieren. Abschließend das Wachteleispiegelei daraufsetzen.

Als Udo und ich noch auf der Hotelfachschule waren, haben wir an den Wochenenden oft bei meinen Eltern gearbeitet, um unser Budget für kleine Alltagsfluchten aufzubessern. Auf der sonntäglichen Rückreise sind wir mit Vorliebe bei unserem Stammitaliener in Heidelberg eingekehrt, um diese Einkünfte – ich muss es so deutlich sagen – mit Genuss „zu verfressen". Das war ein kleines und schlichtes Restaurant, gar nichts sonderlich Spektakuläres, das Essen dort erschwinglich und einfach genial. Keine Karte, alles auf Ansage – und nur zu gerne haben wir ganz auf den Chef des Hauses vertraut und uns einfach überraschen lassen. Dort habe ich seinerzeit eigentlich zum ersten Mal grünen Spargel gegessen. Oder vielleicht zum ersten Mal einen, der so ungemein gut war: Nur kurz in brauner Butter geschwenkt und ein feiner Hauch Parmesan darüber gehobelt. Bissfest und intensiv nussig, überwältigend im Geschmack. Mag sein, dass unsere Stimmung ihren Teil dazu beigetragen hat, aber letztlich ist es egal. Ich habe mir das gemerkt und serviere ihn heute selbst gern auf diese Art. Diesen Italiener gibt es heute leider nicht mehr, aber wenn es so wäre, er wäre ganz sicher immer noch eine unserer erklärten Lieblingsadressen…

Ich verwende Sauerklee immer wieder sehr gerne, weil er ein sehr frisches, feines Aroma und natürlich auch einen besonders charmanten Symbolcharakter besitzt.

WEISSER SPARGEL MIT AVOCADOCREME, SAUERKLEE UND ROSA PFEFFER

WEISSER SPARGEL
16 Stangen weißer Spargel
1 l Wasser
20 g Butter
½ EL Zucker
½ EL Salz

WEISSER SPARGELSCHAUM
¼ l Spargelwasser
1 EL Butter
Salz

AVOCADOCREME
1 reife Avocado
½ Zitrone, Saft
3 EL Limonen-Olivenöl
½ Knoblauchzehe, ohne Schale und Keim
Salz, Piment d'Espelette

20 Sauerkleestiele aus dem Wald
rosa Pfeffer, durch ein Sieb gerieben

Den Spargel schälen (die Schalen aufbewahren) und das Ende abbrechen. Das Wasser mit der Butter, dem Zucker, Salz und den Spargelschalen zum Kochen bringen. Ca. 15 Minuten ziehen lassen, die Schalen aus dem Wasser nehmen und entsorgen. Anschließend das Wasser erneut zum Kochen bringen und die Spargelstangen darin ca. 7 Minuten garen. Den Spargel abgießen (das Spargelwasser beiseitestellen), mit kaltem Wasser abschrecken und in die gewünschte Länge schneiden.
Kurz vor dem Servieren den Spargel in etwas Spargelwasser und 1 TL Butter erhitzen, bis er warm ist.

Für den Spargelschaum ca. ¼ l des Spargelwassers in eine kleine Sauteuse geben und aufkochen. Noch einmal abschmecken und eventuell mit Salz nachwürzen.
Kurz vor dem Servieren mit einem Stabmixer aufschäumen und die Butter untermixen.

Für die Avocadocreme die Avocado schälen und den Kern entfernen. Mit den restlichen Zutaten in einem Mixer fein pürieren, eventuell nachwürzen. Die Avocadocreme bis kurz vor dem Anrichten kalt stellen.

Mit einem Teelöffel ein paar Kleckse Avocadocreme wild auf den Tellern verteilen. Den erwärmten Spargel darauf anrichten. Den Spargelschaum über den Spargel und die Creme geben. Nun den Sauerklee und rosa Pfeffer ausstreuen – das sieht nicht nur schön aus, sondern verleiht dem Ganzen einen ganz besonderen Geschmack.

TIPP.
Den Spargelschaum kann man auch als reine Spargelsuppe genießen.

Brunnenkresse entfaltet eine herbe, leicht bittere Würze und angenehme Schärfe; sie zählt zu meinen liebsten heimischen Wildkräutern, ergänzt Suppen und Salate genial und harmoniert sehr schön mit Äpfeln und Birnen sowie Zitrusfrüchten aller Art.

GRÜNE SPARGELRÖLLCHEN MIT WACHTELEISPIEGELEI UND MARINIERTER BRUNNENKRESSE

12 Stangen weißer Spargel
4 dicke Stangen grüner Spargel
4 Wachteleier
Butter zum Braten

SCHNITTLAUCHVINAIGRETTE
1 EL Weißweinessig
3 EL Olivenöl
1 EL Spargelwasser
Salz, Pfeffer
½ Bund Schnittlauch, fein geschnitten

1 Bund Brunnenkresse, grob gezupft

Die weißen Spargelstangen schälen und etwa 5 Minuten in Salzwasser kochen. Den grünen Spargel schälen, mit dem Sparschäler zu langen Spänen verarbeiten und ebenfalls kurz in Salzwasser garen. Etwas Spargelwasser für die Schnittlauchvinaigrette beiseitestellen.
Den weißen Spargel in lange Stücke schneiden und mit den grünen Spargelspänen umwickeln.

Die Wachteleier kurz vor dem Servieren in Butter zu Spiegeleiern braten.

Für die Schnittlauchvinaigrette alle Zutaten miteinander vermengen.

Die Spargelröllchen auf Tellern anrichten und vor dem Servieren eventuell kurz im Backofen erwärmen. Mit Brunnenkresse bestreuen und mit der Schnittlauchvinaigrette marinieren. Abschließend das Wachteleispiegelei daraufsetzen.

Sind die Morcheln groß genug, kann man nach dem Garen auch eine Spargelspitze in die Morchel stecken – dann behält sie eine schöne Form.

GRÜNE SPARGELSPITZEN MIT MORCHELN UND ESTRAGONSCHAUM

GRÜNER SPARGEL
16 Stangen grüner Spargel
1 l Wasser
3 EL Salz
1 EL Zucker
20 g Butter
1 TL Olivenöl

MORCHELN
½ Schalotte
1 EL Olivenöl
260 g frische Morcheln oder
16 große Morcheln
1 EL Madeira
Salz, Pfeffer

ESTRAGONSCHAUM
1 Schalotte
1 Bund Estragon
3 EL Butter
¾ l Spargelwasser oder
Gemüsebrühe
Salz, Pfeffer

etwas Kerbel, fein geschnitten

Den Spargel schälen und die Endstücke abbrechen. Das Wasser mit den Spargelschalen, dem Salz, Zucker und der Butter aufkochen. Die Schalen abfischen und den Spargel, je nach Dicke, ca. 4–5 Minuten gar kochen, abgießen (das Spargelwasser beiseitestellen) und in Eiswasser abschrecken, damit er die Farbe behält.
Kurz vor dem Servieren den Spargel in die gewünschte Größe oder Form schneiden und in etwas Spargelwasser und Olivenöl erhitzen.

Für die Morcheln die Schalotte schälen, fein schneiden und in Olivenöl anschwitzen. Die Morcheln putzen, gut waschen, zu den Schalotten geben und mit anschwitzen. Mit Salz und Pfeffer würzen, mit dem Madeira ablöschen und bei geschlossenem Deckel langsam köcheln und gar ziehen.

Für den Estragonschaum die Schalotte schälen, fein schneiden und mit ½ Bund Estragon in 1 EL Butter anschwitzen. Das Spargelwasser oder die Gemüsebrühe dazugießen und auf etwa die Hälfte einkochen (langsam köcheln lassen). Beiseitestellen und ziehen lassen, bis die Flüssigkeit vollständig abgekühlt ist. Anschließend durch ein Sieb passieren und mit den restlichen, gezupften Estragonblättern fein mixen.
Kurz vor dem Servieren nochmals aufkochen, mit Salz und Pfeffer würzen, die restliche Butter dazugeben und das Ganze mit dem Stabmixer aufschäumen.

Nun alles hübsch auf Tellern anrichten. Den Estragonschaum à la minute darübergeben und mit dem Kerbel auszieren.

Tomaten sind so ein Thema für sich – und beileibe kein einfaches, wenn es um den Geschmack geht oder besser darum, wie er eigentlich sein sollte. Das Angebot wächst, wir werden mittlerweile aus aller Herren Länder beliefert und auch die alten Sorten werden zunehmend wiederentdeckt und angebaut. Dennoch ist es bei all dem kein Leichtes, perfekt ausgereifte, sonnenverwöhnte, vollaromatische Ware zu bekommen. Meine Eltern sagen immer: „Die schmecken heute doch alle wie Gurken!" Deshalb haben sie ihre ganz eigene Art kultiviert, in den gewünschten Genuss zu kommen. Wenn im Hochsommer die frische Ware von unserem Händler ins Haus kommt, suchen sie sich die größten und dicksten heraus, am liebsten die völlig unförmigen. Die legen sie zunächst für eine Woche auf einen Teller in die Sonne – bis sie tiefrot, weich und saftig sind. Dann sind sie fällig, dann sind sie so, wie sie sein sollen, werden aufgeschnitten in fingerdicke Scheiben und – ganz schlicht – auf geröstetes Weißbrot gelegt. Etwas Olivenöl und Fleur de Sel darauf, fertig: Das sind richtig gute Tomaten, wie meine Eltern sie schätzen, so lieben es die beiden…

Safran wertet eine schlichte Tomatenessenz interessant auf und verleiht ihr etwas Nobles, Spezielles. Er kurbelt zugleich den Appetit an und ist damit wie gemacht für einen gelungenen Auftakt oder auch einen Zwischengang.

KALTE SAFRANESSENZ MIT AVOCADOCREME UND SAUERKLEE

SAFRANESSENZ
Safranfäden nach Belieben
1 l Tomatenessenz (siehe Rezept Seite 24)
Piment d'Espelette

AVOCADOCREME
(siehe Rezept Seite 10)

Sauerklee aus dem Wald

Für die Safranessenz die Safranfäden in ¼ l Tomatenessenz geben und diese etwa 3–4 Minuten köcheln lassen. Danach der restlichen Tomatenessenz beigeben und gut verrühren. Mit reichlich Piment d'Espelette würzen und kaltrühren. Die Safranessenz in tiefe Teller oder in Schalen gießen, die Avocadocreme hinzufügen und mit Sauerklee garnieren.

TIPP.
Die Essenz kann auch heiß gegessen werden.

Rucolapulver ist nicht nur für Risotto geeignet, sondern auch wunderbar für Saucen, Pürees, Suppen und Vinaigrettes. Einfach überall dort verwenden, wo man einen ganz nussigen und speziellen Geschmack erzielen möchte.

RUCOLARISOTTO MIT ZITRONENSAUCE UND TOMATENSCHEIBEN

RUCOLAPULVER
500 g Rucola
¼ l Pflanzenöl

RISOTTO
1 Schalotte
½ Knoblauchzehe
1 EL Olivenöl
120 g Risottoreis
60 ml Weißwein
½ l Gemüsebrühe
½ Zitrone, Saft
40 g kalte Butter
50 g Parmesan, gerieben
2 EL Rucolapulver
Salz, Pfeffer

2 Flaschentomaten
etwas Olivenöl
500 g Rucola
Salz, Pfeffer

ZITRONENSAUCE
(siehe Rezept Seite 168)

Für das Rucolapulver den Rucola kurz in Pflanzenöl (auf 140 Grad erhitzt) frittieren, auf Krepp-Papier abtropfen und abkühlen lassen. Anschließend den Rucola auf ein Geschirrtuch legen, einrollen und auswringen. Dadurch wird das Fett aufgesogen. Das so entstandene Pulver mit einem Löffel vom Geschirrtuch kratzen und in einem geschlossenen Glas aufbewahren. Im Kühlschrank ist es 2–3 Wochen haltbar.

Für das Risotto die Schalotte schälen und fein schneiden. Den Knoblauch schälen und den Keim entfernen. Schalotte und Knoblauch in Olivenöl anschwitzen. Den Reis dazugeben und mit andünsten. Mit dem Weißwein ablöschen. Den Topf vom Herd nehmen und den Reis ein paar Minuten abgedeckt ziehen lassen. Wieder auf den Herd stellen, unter ständigem Rühren nach und nach die Gemüsebrühe hinzufügen. Den Reis insgesamt etwa 20 Minuten gar köcheln. Kurz vor dem Anrichten den Knoblauch herausnehmen. Das Risotto mit Salz, Pfeffer und Zitronensaft abschmecken. Die Butter, den Parmesan und das Rucolapulver unterheben.

Die Flaschentomaten in feine Scheiben schneiden, mit Salz und Pfeffer würzen und mit etwas Olivenöl verfeinern. Den Rucola putzen, waschen und trocken schleudern. Kurz vor dem Servieren mit etwas Olivenöl und Pfeffer anmachen.

Das Risotto auf Tellern anrichten. Die Zitronensauce um das Risotto gießen. Die marinierten Tomatenscheiben und den angemachten Rucola darauflegen.

BRUSCHETTA – KLASSISCH MODERN

6 Toastbrotscheiben, ohne Rinde
Olivenöl
Knoblauch

4 Flaschentomaten
2 EL Olivenöl
Salz, Pfeffer
1 Bund Basilikum

1 junge Knoblauchknolle
Pflanzenöl zum Frittieren
Salz

Mit einem Ring ca. zwölf Kreise aus den Toastbrotscheiben stechen und in Olivenöl goldgelb braten. Auf Krepp-Papier trocken tupfen und mit Knoblauch einreiben.

1 Tomate in zwölf hauchdünne Scheiben schneiden. Aus den restlichen Tomaten eine Concassée herstellen. Das heißt, den Strunk entfernen und die Tomaten mit einem Messer etwas einritzen. Kurz in kochendem Salzwasser blanchieren und in Eiswasser abschrecken. Die Haut und das Kerngehäuse entfernen, die Tomaten in kleine Würfel schneiden. Mit Salz, Pfeffer, Olivenöl und den fein geschnittenen Basilikumblättern verfeinern.

Die Knoblauchknolle in hauchdünne Scheiben hobeln und in viel Pflanzenöl frittieren. Danach abtropfen lassen und etwas salzen.

Kurz vor dem Servieren die Tomaten auf die gerösteten Toastbrotscheiben geben, die Tomatenscheibe daraufsetzen und noch einmal etwas würzen. Abschließend mit den Knoblauchscheiben garnieren.

Hier lässt sich die Avocado durchaus auch durch einen kräftigen Mozzarella oder cremige Ziegenkäsenocken mit Basilikum ersetzen. Je nachdem, ob es etwas dichter oder leichter, fruchtiger oder pikanter daherkommen soll: Spielen Sie mit den verschiedenen Grundnoten und Texturen.

AVOCADO UND TOMATE

TOMATENESSENZ
1 ½ kg sehr reife Tomaten
1 kleiner Bund Basilikum
4 Blatt Gelatine bzw. als Ersatz Agar-Agar
Salz, Pfeffer aus der Mühle, Zucker, Piment d'Espelette

EINLAGE
2 Avocados
2 Flaschentomaten
Salz, Pfeffer

AVOCADOCREME
(siehe Rezept Seite 10)
Provenzalischer Basilikum
evtl. Limonen-Olivenöl

Für die Tomatenessenz die Tomaten grob schneiden und mit ein paar Basilikumblättern und den Gewürzen in einem Mixer kurz anmixen bzw. zerkleinern. Die Masse in ein Passiertuch geben und am besten über Nacht zum Abtropfen über eine Schüssel hängen. (Es sollte dabei etwa 1 l Flüssigkeit entstehen.)
Die Gelatine in 100 ml Tomatenflüssigkeit einweichen, leicht erhitzen, damit sich die Gelatine gut darin auflöst. Anschließend unter die restliche, gut gekühlte Flüssigkeit rühren und kalt stellen.

Die Avocados schälen, entkernen und in feine Scheiben schneiden. Die Tomaten ebenfalls in hauchdünne Scheiben schneiden. Die Avocado- und Tomatenscheiben im Wechsel auf vier Tellern anrichten und mit Salz und Pfeffer würzen.

Kurz vor dem Servieren die Tomatenessenz über die Teller mit der Suppeneinlage geben. Die Avocadocreme wild darauf verteilen und mit kleinen Basilikumblättern garnieren. Eventuell noch mit einem Spritzer Limonen-Olivenöl und Piment d'Espelette verfeinern.

TIPP.
Die Suppeneinlage schmeckt aromatischer, wenn sie 1–2 Stunden vor dem Servieren zubereitet wird. Als Beilage passt Bruschetta hervorragend (siehe Rezept Seite 22).

KLEINES AVOCADOSOUFFLÉ

1 reife Avocado
½ unbehandelte Zitrone, Abrieb und Saft
80 g Quark
2 Eigelb
3 Eiweiß
Salz

Butter und Mehl für die Förmchen

Die Avocado schälen, entkernen und mit dem Zitronenabrieb und -saft pürieren und nach Belieben salzen. Anschließend mit Quark und Eigelb zu einer homogenen Masse verrühren. Das Eiweiß steif schlagen und den Eischnee unterheben. Die 4–8 feuerfesten Förmchen mit Butter ausstreichen und mehlieren. Die Masse hineingeben und etwa 10–15 Minuten im vorgeheizten Ofen bei 200 Grad Unterhitze indirekt backen, das heißt, die Förmchen auf ein mit Krepp-Papier ausgelegtes Blech setzen und dieses mit Wasser füllen.

TIPP.
Das Avocadosoufflé passt perfekt zur Gazpacho (siehe Rezept Seite 30). Vor dem Servieren marinierte Tomatenwürfel auf das Soufflé geben.

Salicornes haben einen schlicht grandiosen, salzig-pfeffrigen Geschmack; um es mit einem Wort zu sagen: Sie schmecken ganz einfach fantastisch nach: Meer.

SALICORNESSALAT MIT CONFIERTEN TOMATEN

CONFIERTE TOMATEN
20 kleine Tomaten
6 Thymianzweige
4 Rosmarinzweige
5 Knoblauchzehen
6 EL Olivenöl
Salz, Pfeffer, Puderzucker

ZITRONENSAUCE
1 Schalotte
1 Stange Zitronengras
3 Zweige Zitronenthymian
8 EL Olivenöl (falls vorhanden: Limonen-Olivenöl)
6 Safranfäden (falls vorhanden)
¼ l Gemüsebrühe
4 unbehandelte Zitronen, Saft und Abrieb
1 TL Butter
Salz, Pfeffer, Piment d'Espelette

SALICORNESSALAT
200 g Salicornes
20 neue Mandeln
3 EL Olivenöl
1 EL Zitronensaft
Piment d'Espelette nach Belieben

Für die confierten Tomaten den Backofen auf 60 Grad vorheizen. Die kleinen Tomaten einritzen, kurz in Wasser blanchieren, in Eiswasser abschrecken und die Haut entfernen. Auf ein Ofenblech legen, mit Salz, Pfeffer und Puderzucker bestreuen, die Kräuterzweige und den zerdrückten Knoblauch darauf verteilen, mit Olivenöl beträufeln und im Backofen ca. 2 Stunden confieren.

Für die Zitronensauce die Schalotte schälen und fein schneiden. Das Zitronengras und den Zitronenthymian in grobe Stücke schneiden und mit der Schalotte in 3 EL Olivenöl bzw. Limonen-Olivenöl anschwitzen, die Safranfäden mit anschwitzen. Mit der Gemüsebrühe und dem Zitronensaft ablöschen, den Zitronenabrieb hinzugeben und ca. auf die Hälfte reduzieren. Anschließend durch ein Sieb passieren.
Die Sauce kurz vor dem Servieren aufkochen und das restliche Olivenöl und die Butter zur Bindung einrühren. Mit den Gewürzen abschmecken.

Für den Salat die Salicornes putzen, waschen und trocken schleudern. Die Mandeln halbieren, Schale und Haut entfernen. Alle Zutaten miteinander vermengen, die confierten Tomaten untermischen, auf Tellern anrichten und mit der Zitronensauce etwas verfeinern.

TIPP.
Vorsicht mit dem Salz! Da die Salicornes von Natur aus sehr salzig sind, sollten sie auf gar keinen Fall gesalzen werden.

Die Gazpacho ist auch ganz wunderbar in kleinen Gläschen zu servieren und auf ganz unterschiedliche Weise auszugarnieren – ob mit einem Gemüsespießchen, eleganten Sticks, hauchdünnem Raspelwerk oder einem Segel aus Parmesanchips.

KALTE GAZPACHO MIT GRAUBROTCROÛTONS

GAZPACHO
1 Gurke, geschält und entkernt
3 Tomaten, ohne Strunk
1 rote Paprika, entkernt
1 Frühlingszwiebel
1 Knoblauchzehe, geschält und ohne Keim
Salz, Pfeffer, Piment d'Espelette
1 EL Mayonnaise

CROÛTONS
4 Graubrotscheiben
1 EL Olivenöl

1 Flaschentomate
Olivenöl
Basilikum
Piment d'Espelette

Für die Gazpacho alle Zutaten außer der Mayonnaise in einer Küchenmaschine mixen und danach passieren. Mit Salz, Pfeffer und Piment d'Espelette abschmecken und die Mayonnaise unterrühren.

Für die Croûtons die Graubrotscheiben würfeln, in Olivenöl rösten und auf Krepp-Papier trocken tupfen.

Die Tomate in feine Scheiben schneiden.

Die Gazpacho in Suppentellern kalt anrichten. Kurz vor dem Servieren die Graubrotcroûtons hineingeben, die Tomatenscheiben darüberlegen und mit Olivenöl und Piment d'Espelette verfeinern. Abschließend mit Basilikum garnieren.

TIPP.
Die Gazpacho kann auch einige Stunden im Kühlschrank abgedeckt aufbewahrt werden.

Ein nahezu tägliches Szenario: 18 Uhr, Personalessen – und eine verlässliche halbe Stunde später die Frage meines Vaters: „Was gab's denn heute?" Da kann ich antworten, was ich will, ich weiß schon, was kommt, die Reaktion ist immer die gleiche: „Mmhhm – aha – sehr schön, aber du weißt ja, Kartoffelsuppe ist mir eh das Liebste! Ich könnte das jeden Tag haben. Aber macht ihr mal, ich meine ja nur, ihr könntet mal wieder, na egal ..." Naja, und wir machen dann, wenn auch nicht gar so oft, so doch immer wieder mal sehr gern Kartoffelsuppe, so, wie ich sie aus meiner Kindheit kenne: Das „Schwäbische Original" – bodenständig, gutbürgerlich und herzhaft – mit Wienerle. Warum erzähle ich das? Nun, es zeigt mir ganz deutlich: Egal, wie weit du in der Welt herumkommst und was du dazugelernt hast, du besinnst dich gern deiner Wurzeln, wenn du schöne Erinnerungen daran hast, die du mit anderen teilen kannst...

Die kleinen Kartoffeln mit der charakteristischen Hörnchenform sind in Frankreich weit verbreitet und hoch geschätzt, bei uns allerdings wenig bekannt. Sie haben einen sehr feinen Geschmack, von dem sie auch kalt gegessen kaum etwas verlieren. Wenn Sie eine andere Sorte verwenden, sollte diese festkochend sein.

LA RATTE IN DER SCHALE MIT SALBEI UND PARMESAN

12 mittelgroße Kartoffeln der Sorte La Ratte
1 g Kümmel
1 TL Salz
2 EL Butterschmalz

SALBEITEMPURA
1 EL Mehl
1 EL Mondamin
1 TL Olivenöl
200 ml Eiswasser
1 Msp. Backpulver
½ Bund Blattpetersilie
20 Salbeiblätter
1 l Erdnussöl
Salz, Pfeffer

RÖSTZWIEBELJUS
2 weiße Zwiebeln
20 g Butterschmalz
100 ml Gemüsebrühe
Salz, Pfeffer, Zucker

30 g Parmesan am Stück zum Garnieren

Die Kartoffeln waschen und zusammen mit dem Kümmel in Salzwasser geben, etwa 20 Minuten kochen und danach abkühlen lassen. Die Kartoffeln halbieren und in Butterschmalz goldgelb in der Schale anbraten.

Für den Tempurateig das Mehl, Mondamin, Olivenöl, Eiswasser und Backpulver zu einem flüssigen Teig verrühren und mit Salz und Pfeffer würzen. Den Teig in einen Mixer geben, die Petersilienblätter beigeben und fein mixen. Die Salbeiblätter durch den Teig ziehen und in 160 Grad heißem Erdnussöl knusprig ausbacken und abtropfen lassen.

Für die Röstzwiebeljus die Zwiebeln schälen, in feine Scheiben schneiden und in Butterschmalz dünsten, bis sie leicht braun sind. Danach mit Gemüsebrühe auffüllen, mit Salz, Pfeffer und Zucker abschmecken und mit dem Stabmixer etwas zerkleinern.

Den Parmesan mit einem Trüffelhobel in feine Scheiben hobeln.

Orange und Safran nehmen Linsen ihre leicht winterliche Schwere und ersetzen die Säure von Essig auf elegante Art – ein wenig orientalisch und süßlich-warm.

LINSENSUPPE À L'ORANGE

LINSENSUPPE
120 g grüne Linsen
1 Orange
1 Karotte
¼ Knollensellerie
5 Safranfäden
1 EL Orangen-Olivenöl
¾ l Gemüsebrühe
¼ l Orangensaft, frisch gepresst
1 Bund Schnittlauch, fein geschnitten
1 Bund Zitronenthymian, fein geschnitten
Salz, Pfeffer, Piment d'Espelette

BRANDTEIG
¼ l Wasser
2 g Salz
Muskat nach Belieben
50 g Butter
150 g Mehl, gesiebt
4 Eier

DAUPHINE-KARTOFFELN
500 g Kartoffeln
1 EL Butter
2 Eigelb
Salz, Pfeffer, Muskat

Für die Suppe die Linsen ein- bis zweimal in Wasser aufkochen (kein Salz in das Wasser geben, da die Linsen sonst nicht richtig weich werden), abgießen und danach gut waschen. Die Linsen ein drittes Mal kochen, bis sie gar sind. Anschließend in ein Sieb geben und abtropfen lassen.
Mit einer Tülle (kleine Größe) kleine Taler aus der Orangenschale ausstechen. Die Karotte und die Knollensellerie schälen, in feine Scheiben schneiden und ebenfalls kleine Taler ausstechen. Statt Taler auszustechen, können Orangenschale und Gemüse auch in kleine Würfel geschnitten werden. Die Orangen- und Gemüsetaler mit den Safranfäden in Orangen-Olivenöl glasig dünsten, mit der Gemüsebrühe auffüllen und so lange köcheln lassen, bis die Taler fast gar sind. Die Linsen und den Orangensaft dazugeben. Mit Salz, Pfeffer und Piment d'Espelette abschmecken und mit dem Schnittlauch und Zitronenthymian verfeinern. Falls die Suppe zu dünn wird, kann man sie mit 1 TL angerührtem Mondamin abbinden. Nach dem Abbinden die Suppe immer 3–4 Minuten köcheln lassen.

Für den Brandteig das Wasser mit dem Salz, Muskat und der Butter zum Kochen bringen. Das gesiebte Mehl unterrühren, bis die Masse brandig ist und abschließend die Eier unterrühren.

Für die Dauphine-Kartoffeln die Kartoffeln schälen, kochen, abschütten und gut abtropfen lassen. Danach in eine Kasserolle passieren und mit der Butter und den Eigelben mischen. Mit Salz, Pfeffer und Muskat würzen. Zwei Drittel der Masse mit einem Drittel Brandteig vermengen, zu Klößchen formen und in der Friteuse (160 Grad) ausbacken.

HIER GEHT ES UM DIE KARTOFFEL

KARTOFFELTALER
4 Kartoffeln, mehligkochend
50 g grobes Meersalz
1 Majoranzweig, gehackt
5 g Schnittlauch, geschnitten
1 TL Mondamin
1 EL Butterschmalz
Salz, Pfeffer, Muskat

MINIKARTOFFELN
8 Kartoffeln der Sorte Smiley
8 Kartoffeln der Sorte Vitelotte
8 Kartoffeln der Sorte Bamberger Hörnla
1 EL Butterschmalz
Salz, Pfeffer, Kümmel

FRITTIERTE ZWIEBELRINGE
1 Milde Zwiebel der Cevennen (Oignon doux des Cévennes)
1 EL Mehl
½ l Erdnussöl
Salz, Pfeffer

KOPFSALATHERZEN
2 Kopfsalatherzen
1 Schalotte
150 ml Traubenkernöl
3 EL Madeira
100 ml Gemüsebrühe
½ TL Dijon-Senf
3 EL Apfelessig
Salz, Pfeffer, Zucker

ZWIEBELFOND
2 Milde Zwiebeln der Cevennen (Oignon doux des Cévennes)
1 EL Butter
2 Lorbeerblätter
1 Knoblauchzehe
1 Thymianzweig
200 ml Gemüsebrühe
Salz, Pfeffer, Zucker

Für die Kartoffeltaler die Kartoffeln waschen und auf das grobe Meersalz legen. Im vorgeheizten Backofen ca. 45 Minuten bei 140 Grad garen. Danach halbieren, das Innere der Kartoffeln in eine Schüssel geben und mit einer Gabel grob zerdrücken. Majoran, Schnittlauch, Mondamin, Salz, Pfeffer und Muskat hinzugeben. Die Masse in Ringe (6 cm Ø) halbhoch eindrücken und in einer Teflonpfanne in Butterschmalz von beiden Seiten goldgelb anbraten. Die Ringe in der Pfanne abziehen.

Für die Minikartoffen die drei Kartoffelsorten separat in drei Töpfen in Salzwasser mit Kümmel weich kochen. Danach pellen und in Butterschmalz goldgelb braten. Zum Schluss mit Salz und Pfeffer würzen.

Für die Zwiebelringe die Zwiebel schälen, in feine Ringe schneiden und in Mehl wälzen. In Erdnussöl bei 160 Grad goldgelb ausbacken. Zum Schluss salzen und pfeffern.

Für die Kopfsalatherzen die Schalotte schälen, in feine Würfel schneiden und in etwas Traubenkernöl glasig dünsten. Mit Madeira ablöschen, mit der Gemüsebrühe auffüllen und auf die Hälfte einkochen. Die Flüssigkeit in eine Schüssel geben, Senf und Apfelessig beigeben und mit Salz, Pfeffer und Zucker abschmecken. Das restliche Traubenkernöl mit einem Schneebesen langsam einziehen. Die Salatblätter damit marinieren.

Für den Fond die Zwiebeln schälen, in feine Streifen schneiden und in Butter glasig andüsten. Lorbeerblätter, Knoblauchzehe und Thymianzweig beigeben, mit der Gemüsebrühe auffüllen und etwa 30 Minuten kochen lassen. Mit einem Stabmixer leicht durchmixen. Anschließend durch ein Spitzsieb passieren und mit Salz, Pfeffer und Zucker abschmecken.

Minze und Zitrone harmonieren ausgesprochen gut mit jungen grünen Erbsen; sie unterstützen sich wechselseitig und kitzeln den Gaumen mit Frische.

KARTOFFELRÖSTI AUF ERBSENCREME

KARTOFFELRÖSTI
4 Kartoffeln der Sorte Agria
2 EL Butterschmalz
Salz, Pfeffer

ERBSENCREME
200 g frische Erbsen
1 Schalotte
2 EL Rapsöl
50 ml Sahne
30 g braune Butter
1 Zweig frische Minze
Piment d'Espelette

Für die Kartoffelrösti die Kartoffeln schälen, in feine Scheiben, dann in Julienne schneiden. Anschließend leicht salzen und pfeffern. Die Streifen halbhoch in 8 Ringe (6 cm Ø) eindrücken und in eine Teflonpfanne mit Butterschmalz einsetzen. Die Ringe entfernen und die Kartoffeltaler goldgelb von beiden Seiten anbraten und abschließend auf einem Krepp-Papier trocken tupfen.

Für die Erbsencreme die Erbsen waschen und die Schalotte schälen und in Würfel schneiden. 180 g Erbsen mit den Schalottenwürfeln in Rapsöl dünsten, bis Letztere glasig sind. Die Sahne beigeben, mit Piment d'Espelette abschmecken und etwa 5 Minuten ohne Deckel köcheln lassen. Die Masse auf ein Blech gießen, auskühlen lassen und anschließend in einer Küchenmaschine mixen. Die braune Butter nach und nach beigeben, bis ein feines Püree entstanden ist. Die restlichen Erbsen in Salzwasser abkochen, in Eiswasser abschrecken und von der Haut befreien. Die Minze klein schneiden und mit den Erbsen in das Püree geben.

Die kleinen Kartoffelbällchen sind – mit Spießchen versehen – auch als Fingerfood eine schöne Idee. Sie können nach dem Garziehen zusätzlich noch mit einem Mantel aus gehackten Kräutern oder Gewürzen versehen und mit einem Schnittlauch-Quark-Dipp serviert werden.

KARTOFFELKNÖDEL MIT SCHNITTLAUCHCREME

KARTOFFELKNÖDEL
500 g Kartoffeln, mehligkochend
2 Eigelb
100 g Kartoffelmehl
50 g Butter
50 g Weißbrotbrösel (Mie de Pain)
Salz, Pfeffer, Muskat

SCHNITTLAUCHCREME
150 g Sauerrahm
50 g Quark
1 Bund Schnittlauch
1 Zitrone, Saft
1 TL Piment d'Espelette
Salz, Pfeffer

Für die Kartoffelknödel die Kartoffeln waschen, noch in der Schale auf ein Backblech geben und etwa 1 Stunde bei 160 Grad im vorgeheizten Backofen garen. Danach die Kartoffeln halbieren, das Innere mit einem Löffel ausschaben und durch eine Kartoffelpresse drücken. Die Eigelbe, das Kartoffelmehl, Salz, Pfeffer und Muskat beigeben und vermengen. Aus dem Teig ca. 20 g schwere Klöße formen und in kochendem Salzwasser etwa 10 Minuten kochen und danach abtropfen lassen. Die Butter und Weißbrotbrösel in einen Topf geben und leicht bräunen. Die Kartoffelknödel darin wälzen, bis sie bedeckt sind.

Für die Schnittlauchcreme den Sauerrahm, Quark, Schnittlauch und die Gewürze in eine Küchenmaschine geben, fein mixen und mit Zitronensaft abschmecken.

KALTE KARTOFFEL-LAUCH-SUPPE MIT KARTOFFELGARBE

SUPPE
4 große Kartoffeln
2 Stangen Lauch
3 EL Olivenöl
1 l Gemüsebrühe
Salz, Pfeffer

KARTOFFELGARBE
4 Kartoffeln
½ l Pflanzenöl
Salz

4 EL Crème fraîche
1 Bund Schnittlauch, fein geschnitten

Für die Suppe die Kartoffeln schälen und in Würfel schneiden. Den Lauch halbieren, waschen, den Putz entfernen und klein schneiden. Die Kartoffelwürfel und Lauchstücke in Olivenöl andünsten und mit Salz und Pfeffer würzen. Die Gemüsebrühe dazugeben und so lange köcheln lassen, bis alles gar ist. Anschließend mixen und passieren. Die Suppe auf Eis kalt rühren und mit Salz und Pfeffer abschmecken.

Für die Kartoffelgarbe die Kartoffeln schälen, zu kleinen Pommes frites schneiden und in 120 Grad heißem Pflanzenöl etwa 5 Minuten blanchieren. Auf Krepp-Papier abtropfen lassen und das Öl auf 160 Grad erhitzen. Kurz vor dem Servieren die Pommes frites goldbraun frittieren. Wieder abtropfen lassen, etwas salzen und mit einem Zahnstocher zu kleinen Bündeln spießen.

Die Suppe in tiefe Teller, Schalen oder Gläser geben und kurz vor dem Servieren mit der Crème fraîche und dem Schnittlauch verfeinern. Die frittierten Kartoffelgarben dazulegen.

Kräuter sind so vielfältig und facettenreich, dass ich unweigerlich ins Schwärmen gerate. Der Duft ist so intensiv und anregend, eine wunderbare Inspiration. Wenn ich die Blättchen zwischen den Fingern zerreibe, kommen mir die Ideen wie von selbst und ich weiß spontan, wie ich sie kombinieren und in der Küche verwenden werde. Dabei gibt es so klassische Paare, die sind einfach gesetzt: Kerbel und Spargel, Schnittlauch und Eier, Majoran und Kartoffeln, Estragon und Morcheln, Basilikum und Tomaten, Koriander und Kokos, Sauerampfer und Erdbeeren, Waldmeister und Rhabarber, Minze und Mango, und, und, und… Es ist doch immer wieder faszinierend, wie reich die Natur uns beschenkt und was wir dabei von ihr lernen können. Wir müssen nur unsere Sinne dafür öffnen und zugreifen – es ist alles da. Und es tut so ungemein gut…

Sobald wilde Kräuter und Blüten im Garten und in der Natur gedeihen, zieht es mich zum Sammeln hinaus. Sie bereichern die Küche auf so vielfältige Weise und sind obendrein eine schöne und unaufwändige Tischdekoration.

BURGUNDER WEISSKÄSE AUF KRESSE

4 Burgunder Weißkäse

KRESSESAUCE
1 Bund Brunnenkresse
evtl. ¼ Bund Blattpetersilie
125 g Sauerrahm
1 Zitrone, Saft
Salz, Pfeffer

KRESSESALAT
verschiedenen Kressesorten
Kapuzinerblüten
etwas Limonen-Olivenöl
1 Spitzer Zitronensaft

Den Käse in acht kleine Säcke binden und über Nacht abtropfen lassen.

Für die Kressesauce die Stiele der Brunnenkresse und Blattpetersilie entfernen. Alle Zutaten in eine Küchenmaschine geben und mixen. Mit Salz und Pfeffer würzen.
Kurz vor dem Servieren den Kressesalat mit etwas Limonen-Olivenöl und Zitronensaft anmachen.

Die Kressesauce auf die Teller geben, die Käsebällchen in die Mitte legen und mit dem Salat dekorieren.

TIPP.
Die Blattpetersilie lässt die Kressesauce noch grüner werden.

Gurke und Dill – zusammen wahrhaft genial und gemeinhin ein Klassiker; wer sich für Fenchel begeistern kann, sollte auch diese Variante unbedingt probieren – wirklich spannend und noch ein klein wenig extravaganter…

KALTES GURKENSÜPPCHEN MIT ZIEGENFRISCHKÄSE UND DILL

GURKENSUPPE
4 Gurken, geschält
Salz

200 g Ziegenfrischkäse
1 Bund Brunnenkresse
etwas Limonen-Olivenöl
etwas Zitronensaft
1 Bund Dill

Für die Suppe aus 1 Gurke kleine Bällchen ausstechen, etwas salzen und 10–15 Minuten in einem Sieb ziehen lassen. Anschließend die Kugeln gut waschen und nochmals 15 Minuten stehen lassen, damit die Flüssigkeit gut abtropfen kann. (Das Waschen und Abtropfen ist wichtig, damit die Gurkenbällchen nicht zu salzig werden. Am besten ein Bällchen probieren und eventuell nicht mehr salzen.) Die restlichen Gurken halbieren, das Kerngehäuse entfernen und in grobe Stücke schneiden. Die Gurkenstücke etwas salzen und mit einem Mixer fein pürieren und eventuell nachsalzen.

Den Ziegenfrischkäse zu acht kleinen Kugeln oder Nocken formen.
Die Brunnenkresse kurz vor dem Servieren mit etwas Limonen-Olivenöl und Zitronensaft anmachen.

Die Gurkenbällchen in die kalte Suppe geben, den Dill fein schneiden und hinzugeben. Die Suppe in tiefen Tellern oder in Schalen anrichten, den Ziegenfrischkäse einlegen und mit der Kresse garnieren.

SPINATSCHAUM MIT SPINATCRÊPE

CRÊPETEIG
100 g Mehl
2 Eier
100 g Milch
20 g braune Butter
Salz, Pfeffer, Muskat

CRÊPEFÜLLUNG
400 g Spinat
1 Schalotte
½ Knoblauchzehe
Salz, Pfeffer, Muskat

SPINATSCHAUM
2 Schalotten
1 TL Butter
50 g Weißwein
1 Lorbeerblatt
200 ml Gemüsebrühe
50 g braune Butter
100 g Spinat
Salz, Pfeffer, Muskat

Für den Crêpeteig das Mehl, die Eier, Milch und braune Butter zu einem dünnen Teig verrühren. Mit Salz, Pfeffer und Muskat abschmecken und in einer Teflonpfanne acht hauchdünne Crêpes backen.

Für die Füllung den Spinat waschen und trocken schleudern. Die Schalotte schälen, in feine Würfel schneiden und andünsten. Den Spinat und die Knoblauchzehe beigeben und so lange dünsten, bis die Spinatblätter zusammengefallen sind. Mit Salz, Pfeffer und Muskat abschmecken. Danach auf ein Sieb geben und gut ausdrücken.

Die gebackenen Crêpes auf die Tischplatte legen und den Spinat dünn darauf verteilen. Die belegten Crêpes zusammenrollen, auf Klarsichtfolie legen, fest einrollen und die Enden zusammenziehen. Die Folienrollen in kochendem Wasser 5 Minuten kochen. Danach auspacken und aufschneiden.

Für den Spinatschaum die Schalotten schälen, in Würfel schneiden und in Butter anschwitzen. Mit Weißwein ablöschen und etwas einkochen. Das Lorbeerblatt beigeben, mit der Gemüsebrühe auffüllen und um die Hälfte einkochen. Anschließend die braune Butter, Salz, Pfeffer, Muskat und den Spinat hinzugeben. Das Ganze einmal aufkochen, in einem Mixbecher fein pürieren und durch ein Spitzsieb passieren. Vor dem Servieren mit einem Stabmixer aufschäumen.

Knödel und Klöße müssen keineswegs ausnahmslos deftig, gehaltvoll und schwer sein. Ganz im Gegenteil – mit feinen Kräutern und leichten Saucen wissen sie leicht und elegant zu überzeugen...

SEMMELKNÖDEL MIT BLATTPETERSILIE

SEMMELKNÖDEL
3 trockene Weißbrotbrötchen
100 ml Milch
1 kleine Zwiebel
20 g Butter
1 Ei
2 EL Blattpetersilie, fein geschnitten
Salz, Pfeffer, Muskat

PETERSILIENFOND
¼ l Gemüsebrühe
1 Bund Blattpetersilie, gezupft und ohne Stil
1 EL Olivenöl
Salz, Pfeffer

Für die Semmelknödel die Brötchen fein schneiden, die Milch aufkochen und über die Brötchen gießen. Ca. 2 Stunden stehen lassen. Die Zwiebel schälen, in feine Würfel schneiden, in der Butter anschwitzen und unter die Brotmasse geben. Das Ei und die Blattpetersilie mit der Brotmasse gut vermengen und mit Salz, Pfeffer und Muskat abschmecken. Aus dem Teig Knödel in gewünschter Größe formen und im siedenden Salzwasser garen. Sobald sie an der Wasseroberfläche schwimmen, sind sie fertig gegart.

Für den Petersilienfond alle Zutaten lange fein mixen und passieren.

TIPP.
Wer es etwas deftiger möchte, kann die Knödel nach dem Garen erkalten lassen, halbieren und in einer Pfanne mit Butter braten. Im Herbst passt dazu ein feiner Feldsalat mit Haselnuss-vinaigrette und Himbeeressig oder eine schöne Champignon-sauce.

Die Blattpetersilie ist in der Küche so selbstverständlich geworden, dass ihr meist nur die klassische Rolle als simple Kräutergarnitur zuerkannt wird. Mit etwas Öl und Zitrone als Salat oder mit Nüssen zu einem Pesto angemacht, entfaltet sie ihr Aroma noch besser und erhält ganz neues Format.

ALLES VON DER PETERSILIE (VOM BLATT ZUR WURZEL)

PETERSILIENRAVIOLI
200 g krause Petersilie
1 Eigelb
20 g Parmesan, gerieben
30 g Weißbrotbrösel
4 große Kartoffeln der Sorte Agria
Salz, Pfeffer, Muskat
1 Eigelb zum Bestreichen
1 l Erdnussöl zum Ausbacken

PETERSILIENWURZELPÜREE
200 g Petersilienwurzel
100 ml Sahne
20 g braune Butter
Salz, Pfeffer

PETERSILIENÖL
1 Bund Blattpetersilie
¼ Knoblauchzehe ohne Trieb
70 ml Olivenöl
Salz, Pfeffer

GESCHMORTE PETERSILIENWURZEL
8 Petersilienwurzeln
1 EL Butter
20 ml Gemüsebrühe
Salz, Zucker

Für die Ravioli die Petersilie von den Stielen befreien und in reichlich Salzwasser weich kochen. Danach in Eiswasser abschrecken, gut ausdrücken und in eine Küchenmaschine geben. Eigelb, Parmesan, Weißbrotbrösel, Salz, Pfeffer und Muskat beigeben und das Ganze pürieren. Die Kartoffeln schälen, mit einer Aufschnittmaschine in hauchdünne Scheiben schneiden und diese auf Krepp-Papier legen. In die Mitte ½ EL Petersilienmasse geben, die Ränder mit Eigelb bestreichen und umklappen. In 160 Grad heißem Erdnussöl goldgelb ausbacken.

Für das Püree die Petersilienwurzeln schälen, in walnussgroße Stücke schneiden und mit der Sahne und braunen Butter in einen Topf geben und etwa 30 Minuten bei geschlossenem Deckel garen. Anschließend in einen Mixer geben, mit Salz und Pfeffer abschmecken und pürieren.

Für das Öl die Blattpetersilie von den Stielen befreien und mit dem Knoblauch, Olivenöl, Salz und Pfeffer in einen Mixer geben und ganz fein mixen.

Für die geschmorte Petersilienwurzel die Petersilienwurzeln schälen, längs halbieren. Butter in einen flachen Topf geben und die Wurzelstücke mit der Unterseite nach unten einlegen. Mit Salz und Zucker würzen, die Gemüsebrühe hinzugeben und bei geschlossenem Deckel 10 Minuten dünsten.

Ich verwende Waldmeister bevorzugt selbst frisch gepflückt aus dem Wald und nehme mir bewusst die Zeit dafür; es lohnt sich, die kleinen und jungen Blätter auszulesen, denn sie sind besonders zart und im Geschmack intensiver.

RHABARBERSORBET MIT WALDMEISTER

WALDMEISTERSUPPE
¼ l Weißwein
¼ l Sekt
½ l Läuterzucker (250 g Zucker und ¼ l Wasser einmal aufgekocht)
1 Zitrone, Saft
1 Strauß Waldmeister, frisch gepflückt aus dem Wald
5 g Agar-Agar
⅛ l Sekt zum Verfeinern

RHABARBERSORBET
1 Blatt Gelatine bzw. als Ersatz Agar-Agar
¼ l Läuterzucker (125 g Zucker und ⅛ l Wasser einmal aufgekocht)
250 g Rhabarbermark

WALDMEISTERSCHAUM AUS DER ISI-FLASCHE
3 Blatt Gelatine bzw. als Ersatz Agar-Agar
30 g Zucker
120 ml Waldmeisterfond
250 ml Buttermilch
Der Waldmeisterschaum muss mindestens einen Tag zuvor hergestellt und im Kühlschrank aufbewahrt werden.

Für die Waldmeistersuppe Weißwein, Sekt, Läuterzucker und Zitronensaft mit dem Waldmeister aufkochen und mindestens einen halben Tag ziehen lassen. Durch ein Sieb gießen, das Agar-Agar beifügen und noch einmal aufkochen. Dann mit einem Schneebesen auf Eis kalt schlagen. Zum Schluss mit dem restlichen Sekt verfeinern.

Für das Rhabarbersorbet die Gelatine in kaltem Wasser einweichen und in etwas erwärmtem Läuterzucker auflösen. Alle Zutaten vermengen und in einer Eismaschine zu Sorbet drehen.

Für den Waldmeisterschaum die Gelatine in kaltem Wasser einweichen und mit dem Zucker im leicht erwärmten Waldmeisterfond auflösen. Mit der Buttermilch vermengen und in eine Espuma-iSi-Flasche füllen.
Kurz vor dem Servieren etwas Waldmeisterschaum auf das Sorbet geben.

TIPP.
Für das Rezept können statt Waldmeister auch Holunderblüten verwendet werden.
Man kann auch 4–5 l Waldmeister- oder Holunderblütensirup herstellen; nicht abbinden, sondern einfach in Flaschen kühl lagern. So kann man sich im nebligen November oder an unschönen Wintertagen ein Waldmeister- oder Holunderblütensüppchen als Dessert gönnen und Frühlingsgefühle erwecken.

Hier muss ich schmunzeln, denn es fällt mir spontan eine Geschichte aus Kindertagen ein. Ich dürfte kaum älter als 5 Jahre gewesen sein, als wir gemeinsam mit dem besten Freund meines Vaters – Werner – und seiner Freundin in den Ferien waren, ich glaube, es war in Monaco. Da gab es jeden Morgen ein Ei für uns: œuf à la coque – exakt 5 Minuten. Für Werner war das nichts, er bestand auf seinem Spiegelei. Und sobald dies auf dem wunderschön gedeckten Tisch parat war – mit einer perfekten sattgelben runden Wölbung, was macht die Freundin? Greift in Sekundenschnelle zur Gabel und zerstört dieses Bild mit einer an Grausamkeit grenzenden Freude. Werners Miene dagegen verfinsterte sich augenblicklich, er war sauer, ja richtig vergrätzt. Ihr hat das offensichtlich einen höllischen Spaß gemacht – und zwar Tag für Tag. Immer das gleiche Szenario, uns hat das ziemlich genervt, aber das war ein Ding zwischen den beiden. Irgendwann später hat mir mein Vater erzählt, dass Werner sich getrennt hätte. „Ich weiß genau warum", kam es spontan aus mir heraus. „Die hat ihm jeden Tag schon am Morgen verdorben. Das mag ja kein Mensch gerne haben!" Und meine Eltern haben schallend gelacht. Aber ist es nicht wahr? Wenn man dem anderen die Lust am Genuss verdirbt, das ist doch keine Basis. Mangelndes Feingefühl und fehlende Sinnlichkeit beim Essen können selbst die größte Liebe zerstören. Also: Obacht bei Tisch – in Gottes Namen…

Ganz junger Spinat ist für mich eine echte Delikatesse und zum „Verkochen" eigentlich viel zu schade, sollte er kalt nicht ganz passend erscheinen, blanchiere ich ihn bestenfalls nur ganz kurz – so bewahrt er auch seine frische hellgrüne Farbe.

VIELE POCHIERTE WACHTELEIER AUF ZWEIERLEI PÜREE UND SPINATBLÄTTCHEN

20 Wachteleier
Weißweinessig

SPINATPÜREE
250 g Spinatblätter
30 g Butter
½ Msp. Knoblauch, zerdrückt und ohne Keim
Salz, Pfeffer aus der Mühle, Muskat

PETERSILIENWURZELPÜREE
100 g Petersilienwurzel
50 ml Sahne
Salz, Pfeffer aus der Mühle
1 TL Butter zum Verfeinern

ANGEMACHTE SPINATBLÄTTER
50 schöne Spinatblätter
1 TL Essig
3 TL Traubenkernöl
1 TL Gemüsebrühe
Salz, Pfeffer

Die Wachteleier aufschlagen und vorsichtig für ca. 10 Minuten in Weißweinessig legen. Danach mit einer Schaumkelle herausnehmen, in einen Topf mit siedendem Salz-Essig-Wasser geben und kurz garen, so dass die äußerste Schicht gar, das Eigelb noch flüssig ist. Dies erfordert auch für den gelernten Koch etwas Übung! Die pochierten Eier anschließend aus dem siedenden Wasser nehmen, auf ein gebuttertes Blech geben und mit Folie abdecken. Vor dem Anrichten nur kurz im Backofen leicht erwärmen – die Eier sollen nicht weitergaren.

Für das Spinatpüree die Spinatblätter waschen und putzen. In kochendem Salzwasser blanchieren, abschütten und in Eiswasser abschrecken, dann gut ausdrücken. Die Butter in einem kleinen Topf so lange köcheln, bis sie braun ist und fein nach Haselnuss duftet. Den Spinat mit der braunen Butter, dem Knochlauch und den Gewürzen fein mixen.

Für das Petersilienwurzelpüree die Petersilienwurzel schälen, grob würfeln und so lange in der Sahne köcheln lassen, bis diese vollständig eingekocht ist und die Gemüsewürfel gar sind. Alles fein mixen und mit Salz und Pfeffer abschmecken. Zum Schluss die Butter untermixen.

Die Pürees können am Vortag oder am Vormittag zubereitet und kurz vor dem Anrichten mit etwas Butter und unter ständigem Rühren erhitzt werden.

Für die angemachten Spinatblätter den Spinat waschen, putzen und trocken tupfen. Essig, Traubenkernöl und Gemüsebrühe miteinander vermengen und mit Salz und Pfeffer abschmecken. Die Spinatblätter kurz vor dem Servieren mit 1 EL der Vinaigrette anmachen.

Orangenblätter verströmen einen wunderbar feinen Duft; ich bewahre sie deshalb immer auf und lege sie entweder lose zum Trocknen aus oder binde sie zu kleinen Sträußchen.

LEICHT POCHIERTES EIGELB AUF ORANGENPOLENTA

ORANGENSAUCE
¾ l Orangensaft, frisch gepresst und passiert
2 EL Zucker
2 unbehandelte Orangen, Abrieb
3 EL Olivenöl
1 TL Butter

POLENTA
½ l Gemüsebrühe
1 Thymianzweig
1 Rosmarinzweig
100 g Maisgrieß (Polenta)
⅛ l Orangensauce
2 EL Olivenöl
30 g Parmesan, gerieben
Salz, Pfeffer aus der Mühle

POCHIERTES EIGELB
4 Eier
1 EL Butter

Für die Orangensauce den Orangensaft mit dem Zucker kochen und etwa auf die Hälfte einkochen. Den Orangenabrieb hinzugeben, mit dem Olivenöl und der Butter verfeinern und leicht binden.

Für die Polenta die Gemüsebrühe mit den Kräuterzweigen einmal aufkochen und ca. 10 Minuten ziehen lassen. Dann durch ein Sieb passieren, erneut aufkochen, den Maisgrieß unter ständigem Rühren dazugeben und ca. 10 Minuten quellen lassen. Kurz vor dem Servieren die Orangensauce, das Olivenöl und den Parmesan unter die Polenta rühren, mit Pfeffer und eventuell Salz abschmecken.

Für das pochierte Eigelb den Backofen auf 40 Grad vorheizen, ein kleines Blech mit Rand mit Butter bestreichen. Die Eier vorsichtig trennen, so dass die Eigelbe ganz bleiben, auf das Blech setzen und kurz vor dem Servieren 2–3 Minuten im Backofen angaren.

Die Polenta auf Teller geben, die Eigelbe auf die Polenta legen und mit der restlichen Orangensauce auszieren.

TIPP.
Statt die Eigelbe zu pochieren, können auch Spiegeleier gebraten und die Eigelbe mit einem Ausstecher knapp herausgetrennt werden.

Ich finde Sauerampfer für die Frühlingsküche genial – er ist wirklich einzigartig „zitronig-sauer“ und wächst tatsächlich auf jeder Wiese. Und im letzten Jahr habe ich entdeckt, dass er im Herbst sogar noch einmal neu auszutreiben beginnt.

SPIEGELEI AUF SPINATPÜREE UND SAUERAMPFERCOULIS

SPINATPÜREE
500 g Spinatblätter
60 g Butter
1 Msp. Knoblauch, zerdrückt
Salz, Pfeffer, Muskat

SAUERAMPFERSAUCE
1 Kartoffel
1 EL Olivenöl
¼ l Gemüsebrühe
1 Bund Sauerampferblätter, ohne Stiel
1 EL Sauerrahm
evtl. ½ Zitrone, Saft
Salz, Pfeffer

SPIEGELEIER
20 g Butter
4 Eier
Piment d'Espelette

Für das Spinatpüree die Spinatblätter in kochendem Salzwasser (1 EL Salz auf 1 l Wasser) blanchieren, abgießen, in Eiswasser erkalten lassen und gut ausdrücken. Die Butter bräunen. Den Spinat mit der braunen Butter, dem Knoblauch und den Gewürzen fein mixen.

Für die Sauerampfersauce die Kartoffel schälen, fein schneiden und in Olivenöl anschwitzen, etwas salzen. Die Gemüsebrühe hinzugeben und so lange köcheln lassen, bis die Kartoffeln gar sind. Anschließend mixen, passieren und erkalten lassen.
Danach die kalte Kartoffelsauce mit dem Sauerampfer mixen. Den Sauerrahm unterrühren und nochmals mit Salz und Pfeffer abschmecken. Eventuell noch mit etwas Zitronensaft verfeinern. Die Sauce in ein Glas mit Deckel abfüllen und bis zum Anrichten im Kühlschrank aufbewahren.
Die Sauce wird kalt serviert – das verleiht dem Ganzen etwas Frische und Leichtigkeit.

Für die Spiegeleier die Butter in eine Pfanne geben. Die Eier auf einer glatten Oberfläche (nicht am Schüsselrand wegen der „Schalengefahr“) aufschlagen, in die Pfanne geben und langsam braten.
Die Spiegeleier in der gewünschten Größe ausstechen und anrichten – in diesem Fall auf ca. 1 EL warmem Spinatpüree. Mit Piment d'Espelette verfeinern.

TIPP.
Die Sauerampfersauce sollte man möglichst am Tag der Zubereitung verwenden, da sie schnell grau wird.

Einer der elementarsten Grundsätze, die ich von meinem Vater übernommen habe, ist, dass sich aus nahezu allen schlichten und einfachen Dingen etwas ganz Besonderes machen lässt. Et voilà...

KRÄUTEROMELETTE AUF ROTWEINBUTTER

ROTWEINBUTTER
1 Schalotte
1 TL Butter
¼ l Spätburgunder
(je besser die Weinqualität, desto besser die Sauce)
¼ l roter Portwein
⅛ l Gemüsebrühe
50 g Butter
1 Prise Zucker
1 Prise Salz

OMELETTE
4 Eier
⅛ l Sahne
1 Bund Schnittlauch, fein geschnitten
1 Hauch von Blattpetersilie, nur die Blätter, grob geschnitten
1 EL Butter

Kresse nach Belieben

Für die Rotweinbutter die Schalotte schälen, in Würfel schneiden und in 1 TL Butter andünsten, mit Zucker und Salz würzen. Den Spätburgunder, Portwein und die Gemüsebrühe dazugeben, etwa auf die Hälfte einkochen und passieren. Kurz vor dem Servieren erneut aufkochen und die Butter unterrühren. Eventuell noch einmal nachsalzen.

Für das Omelette alle Zutaten – bis auf die Butter – mit einem Pürierstab verquirlen. In einer Teflonpfanne kleine Omelettes in Butter braten.

Die Rotweinbutter auf die Teller geben, die Omelettes darauf anrichten und die Kresse darüberstreuen.

TIPP.
Für mich darf ein Omelette nie gesalzen werden, denn nur dann unterstützt es alle anderen Komponenten, ohne sich selbst zu verlieren.

Wohl jeder hat so ein Leibgericht, das er sich einfach immer wünscht, wenn er zu den Eltern heimkommt. Es gibt so Sachen, die heilig sind, da kann der Mama kein Mensch auf der Welt das Wasser reichen, das bekommt niemand anders so hin. Für meinen Mann ist das die Bohnensuppe, serviert mit Kartoffelpuffern – Hedwigs Reibekuchen, die Sie auch in diesem Buch finden. Die gehören für ihn ebenso dazu wie Apfelkompott. Klingt nach einer gewagten Kombination, nicht? Aber so sind sie, die Rheinländer, sie bringen das sehr gut zusammen. Mittlerweile ist Hedwig 76 Jahre alt – und ganz gleich, wie sie sich fühlt und wie es ihr geht: Wenn Udo den Wunsch hat, dann wird er erfüllt. Sie stellt sich in die Küche und kocht einen Riesentopf – wohl wissend, dass nichts davon übrig bleibt. Was drin ist? Klare Brühe, Bohnen und Bohnenkraut. Das ist schon alles und wirklich vorzüglich. Ich werde mich allerdings niemals darin versuchen. Wie gesagt, es gibt Dinge, die kann man nicht besser machen und sollte es auch gar nicht versuchen. So gut wie bei Hedwig und Richard in der Küche am großen Tisch könnte es andernorts ohnehin niemals schmecken, es wäre einfach nicht das Gleiche…

SALAT »NICEOISE«

FARFALLE (NUDELTEIG)
50 g Mehl
50 g Dunst (doppelgriffiges Mehl)
50 g Gries
6 Eigelb
1 TL Olivenöl
Salz

200 g breite Bohnen
100 g Buschbohnen
2 EL Salz
4 Tomaten der Sorte Cœur de bœuf

MARINADE
100 g Gemüsebrühe
2 EL Apfelessig
5 EL Olivenöl
1 unbehandelte Zitrone, Abrieb
1 Prise Zucker
Salz, Pfeffer, Piment d'Espelette

GARNITUR
50 g Taggiasca-Oliven
20 g Parmesan, gerieben
Basilikum rot und grün, geschnitten
½ Bund Schnittlauch, geschnitten

etwas Olivenöl für den Salat

Für den Nudelteig alle Zutaten in einem Rührkessel zu einem homogenen Teig verarbeiten und 1 Stunde ruhen lassen. Danach dünn mit einer Nudelmaschine ausrollen und Farfalle formen (Kreise ausstechen und in der Mitte zusammendrücken). Die Nudeln in kochendem Salzwasser ca. 2–3 Minuten garen.

Die Bohnen in die gewünschte Form schneiden, in kochendem Salzwasser abkochen und in Eiswasser abschrecken. Die Tomaten für 10 Sekunden in kochendes Wasser geben und ebenfalls in Eiswasser abschrecken. Das Kerngehäuse herauslösen und die Tomaten in grobe Würfel schneiden.

Für die Marinade die Gemüsebrühe auf die Hälfte einkochen, den Apfelessig beigeben und mit Zucker, Salz, Pfeffer und Piment d'Espelette abschmecken. Das Olivenöl einrühren und den Zitronenabrieb hinzufügen.

Für die Garnitur die Taggiasca-Oliven ohne Kerne in Scheiben schneiden und mit dem Parmesan, Basilikum und Schnittlauch vermengen.

Für den Salat Olivenöl in eine Pfanne geben. Farfalle, Bohnen- und Tomatenstücke erwärmen. Mit 2 EL Marinade beträufeln und gut durchschwenken. Gegebenenfalls nochmals mit Salz und Piment d'Espelette abschmecken. Am Ende mit der Garnitur auszieren.

Piment d'Espelette ist eine sehr edle, fruchtig-pikante Chilisorte mit unvergleichlich intensiver Farbe. Sie zeichnet sich durch ihre feingliedrig milde Schärfe aus, die angenehm weich und subtil anklingt.

ERBSENSUPPE MIT MINZE

ERBSENSUPPE
300 g frische Erbsen
5 Stangen Frühlingslauch
1 EL Butter
50 ml Weißwein
400 ml Gemüsebrühe
50 ml Milch
30 g braune Butter
Salz, Pfeffer, Piment d'Espelette

ERBSENCREME
1 Schalotte
200 g frische Erbsen
10 g Butter
20 ml Sahne
1 unbehandelte Zitrone, Abrieb
Salz, Pfeffer, Muskat

3 Zweige frische Minze

Für die Suppe die Erbsen waschen, den Frühlingslauch fein schneiden und mit den Erbsen in Butter glasig andünsten. Mit Weißwein ablöschen, mit Gemüsebrühe aufgießen und einmal aufkochen lassen. Milch und braune Butter beigeben, mit Salz, Pfeffer und Piment d'Espelette abschmecken und in einem Mixbecher ganz fein mixen. Danach durch ein Spitzsieb passieren und eventuell nochmals abschmecken.

Für die Erbsencreme die Schalotte schälen, würfeln und mit den Erbsen in Butter andünsten, mit Sahne auffüllen und etwa 3 Minuten kochen lassen. Mit Salz, Pfeffer, Muskat abschmecken und den Zitronenabrieb beigeben. Das Ganze auf ein Blech geben und auskühlen lassen. Danach in einer Küchenmaschine zu einem feinen Püree mixen.

Die Minzblätter fein schneiden und das Gericht damit garnieren.

Albatrüffel und weiße Perlbohnen – diese glückliche Fügung ist für mich gesetzt. Ich kann nicht beschreiben, was genau es ist – aber es hat etwas ganz Besonderes…

WEISSE PERLBOHNENSUPPE MIT ALBATRÜFFEL

200 g frische weiße Bohnen in der Schale
1 Lorbeerblatt
1 Thymianzweig
1 Knoblauchzehe
1 Perlzwiebel
1 Schalotte
50 g Butter
300 ml Gemüsebrühe
Salz, weißer Pfeffer
15 g Albatrüffel

Die Bohnen aus der Schale lösen, in einen Topf geben und mit Wasser bedecken. Lorbeerblatt, Thymianzweig, Knoblauchzehe und Perlzwiebel beifügen und etwa 30 Minuten leicht köcheln lassen. Die Bohnen erst nach dem Garen salzen, da sie sonst nicht weich werden!
Die Schalotte schälen, würfeln und in 1 TL Butter glasig andüsten. Die weich gekochten Bohnen abtropfen lassen und zu den Schalotten geben. Mit der Gemüsebrühe auffüllen, würzen und etwa 10 Minuten köcheln lassen. Mit der restlichen Butter Nussbutter zubereiten und hinzufügen. Das Ganze fein mixen und durch ein Spitzsieb passieren. Anschließend mit einem Stabmixer aufschäumen und in tiefe Teller oder Schüsseln füllen. Den weißen Trüffel fein über die Suppe hobeln.

Saubohnen gibt es frisch nur etwa von Mai bis August auf dem Markt zu kaufen und der Geschmack ist mit dem von getrockneter Ware nicht zu vergleichen. Achten Sie beim Einkauf auf schöne pralle Schoten! Bohnenkraut unterstreicht den Geschmack perfekt...

KNUSPRIGE SAUBOHNEN IM FOND

BOHNENFOND
500 g frische breite Bohnen
2 Schalotten
3 EL mildes Olivenöl
½ Zitrone, Saft
1 Zweig Bohnenkraut
125 ml Gemüsebrühe
Salz, Pfeffer, Piment d'Espelette

EINLAGE
50 g Buschbohnen
20 g dicke Bohnen
Bohnenkraut, gehackt

KNUSPRIGE SAUBOHNEN
100 g frische Saubohnen

TEMPURATEIG
1 EL Mehl
1 EL Mondamin
Bohnenkraut, gehackt
20 ml Olivenöl
100 ml Eiswasser
Salz, Pfeffer

etwas Mehl
½ l Erdnussöl

Für den Bohnenfond die breiten Bohnen grob schneiden und in Salzwasser halbgar kochen (ca. 1 Minute), in Eiswasser abschrecken und abtropfen lassen. Mithilfe eines Entsafters den Bohnensaft gewinnen. Die Schalotten schälen, würfeln und in einem Topf mit etwas Olivenöl glasig andünsten. Mit Zitronensaft ablöschen und das Bohnenkraut beigeben. Mit Gemüsebrühe auffüllen, mit Salz, Pfeffer und Piment d'Espelette abschmecken und auf die Hälfte einkochen und passieren. Danach etwas abkühlen lassen und den Bohnensaft nach und nach beigeben. Das Olivenöl einrühren.

Für die Einlage die Buschbohnen ebenfalls grob schneiden, in Salzwasser halbgar kochen und in Eiswasser abschrecken. Die dicken Bohnen in Salzwasser blanchieren und die Haut entfernen. Buschbohnen und dicke Bohnen als Einlage in den Fond geben und kurz vor dem Servieren leicht erwärmen. Mit Bohnenkraut auszieren.

Für die knusprigen Saubohnen die Bohnen waschen, in Salzwasser 2 Minuten blanchieren und in Eiswasser abschrecken. Abtropfen lassen und von der äußeren Haut befreien.

Für den Tempurateig das Mehl, Mondamin, Bohnenkraut, Olivenöl mit dem Eiswasser anrühren, bis ein pfannkuchenartiger Teig entsteht. Mit Salz und Pfeffer abschmecken.
Die Saubohnen in Mehl wälzen und in den Tempurateig geben. In 160 Grad heißem Erdnussöl knusprig ausbacken.

Ich möchte ein Plädoyer für die Zwiebel schreiben und ihr zu etwas mehr Achtung verhelfen, fristet sie doch völlig zu Unrecht so ein kleines bisschen ein Aschenputteldasein. Sie ist uns zur schönen Selbstverständlichkeit geworden und wird einfach zu wenig geschätzt. Dabei ist sie eine so tolle Knolle, die eine Menge hergibt. Sie gehört in der Küche zum unverzichtbaren Grundrepertoire und verleiht ach-ich-weiß-nicht-wie-Vielem erst die richtige Tiefe. Vielleicht liegt es ja auch daran, dass sie uns zum Weinen bringt. Was aber gar nicht sein muss: Die Zwiebel einfach nach dem Abziehen der Schale kurz unter fließendes Wasser halten und beim Schneiden den Mund offen lassen. Sie werden sehen, die Tränen versiegen, die Gefahr ist gebannt. Vielleicht nützt es was und Sie schließen die Zwiebel jetzt etwas mehr ins Herz. Ich finde, sie hat es verdient. Und ich werde nicht müde, es immer wieder zu sagen: Es wäre ein echter Verlust, wenn wir sie nicht hätten. Eine gute Zwiebel ist der Anfang unglaublich vieler Grundrezepturen …

Liebstöckel ist ein natürlicher Geschmacksverstärker, dessen kräftige Würze den Charakter der Kapern sehr schön betont. Er ist auch ein sehr guter Salzersatz für alle, die damit sparsam umgehen müssen oder möchten.

ZWIEBELRAVIOLI MIT EINEM LEICHTEN FOND VON KARTOFFEL UND LIEBSTÖCKEL

NUDELTEIG
50 g Mehl (Type 405)
50 g Dunst (doppelgriffiges Mehl)
50 g Hartweizengrieß
1 Ei
5 Eigelb
1 Prise Salz
1 EL Olivenöl

FÜLLUNG
3 weiße Zwiebeln
20 g Butter
½ TL Salz
½ TL Zucker
30 g Mie de Pain

1 Eigelb

KARTOFFEL-LIEBSTÖCKEL-FOND
1 Zwiebel
20 g Butter
3 mittelgroße Kartoffeln, festkochend
½ Knoblauchzehe
1 Thymianzweig
1 Lorbeerblatt
1 l Gemüsebrühe
1 frischer Liebstöckelzweig, fein geschnitten
1 EL kleine Kapern
1 Bund Schnittlauch, fein geschnitten
Salz, Pfeffer

Für den Nudelteig alle Zutaten in eine Rührschüssel geben und ca. 3 Minuten kneten, bis ein Teigkloß entstanden ist. Den Teig in Folie schlagen und 1 Stunde ruhen lassen.

Für die Raviolifüllung die Zwiebeln schälen, in feine Scheiben schneiden und in der Butter anschwitzen, mit Salz und Zucker würzen und so lange dünsten, bis die Zwiebelscheiben ganz weich sind. Anschließend in eine Küchenmaschine geben und fein mixen. Das Mie de Pain beigeben und die Masse beiseitestellen.

Den Nudelteig mithilfe einer Nudelmaschine papierdünn ausrollen und mit einem runden Ausstecher (ca. 3–4 cm Ø) Kreise ausstanzen. ½ TL von der Zwiebelmasse in die Mitte geben, den Rand mit Eigelb bestreichen, umklappen und andrücken. Pro Person ca. 5–6 Ravioli zubereiten. Die Ravioli in gesalzenem Wasser 3 Minuten sieden.

Für den Kartoffel-Liebstöckel-Fond die Zwiebel schälen, in feine Scheiben schneiden und in Butter anschwitzen. Die Kartoffeln schälen, fein schneiden, zu den Zwiebeln geben und mit andünsten. Den Knoblauch andrücken und mit dem Thymianzweig und dem Lorbeerblatt beigeben. Mit der Gemüsebrühe auffüllen, salzen, pfeffern und etwa 30 Minuten köcheln lassen. Anschließend durch ein Spitzsieb passieren. Liebstöckel, Kapern und Schnittlauch zugeben und gegebenenfalls nachwürzen.

TARTE VON ROTER ZWIEBEL

ZWIEBELTARTE
200 g Blätterteig
4 rote Zwiebeln
1 EL Olivenöl
1/16 l Gemüsebrühe
Salz, Pfeffer, Zucker

SAUCE
4 Schalotten
6 gehäufte EL Sauerrahm
1 Bund Schnittlauch, fein geschnitten
Salz, Pfeffer

Thymianblüten

Für die Zwiebeltarte den Blätterteig 2,5 mm dünn ausrollen. Mit einem Ring (6 cm Ø) vier Tartesböden ausstechen und im Kühlschrank etwas ruhen lassen.
Die Zwiebeln schälen, halbieren und in Olivenöl dünsten. Mit Salz, Pfeffer und Zucker würzen. Die Gemüsebrühe dazugeben und bei geschlossenem Deckel schmoren, bis die Zwiebeln weich sind. Danach abkühlen lassen und gut abtropfen.
Kurz vor dem Servieren mit einer Gabel die Mitte der Tartesböden anstechen. Zwei geschmorte Zwiebeln in die Mitte legen und bei 180 Grad etwa 10 Minuten im vorgeheizten Ofen backen.

Für die Sauce die Schalotten schälen, in kleine Würfel schneiden und kurz in Wasser blanchieren. Alle Zutaten miteinander vermengen und mit Salz und Pfeffer abschmecken. Die Sauce auf die Teller geben, die Tartes in die Sauce setzen und mit den Thymianblüten dekorieren.

Erde trifft Erde, Bodenständigkeit trifft Noblesse – Zwiebel und Trüffel geben ein absolut stimmiges Paar, das beweist: Wenn die wesenseigenen Grundzüge passen, können zwei eins miteinander werden ohne zu konkurrieren…

ZWIEBELTARTE »MODERNE ART«

200 g Blätterteig

viele verschiedene Zwiebelsorten, wie z.B. Schalotten, Perlzwiebeln und rote Zwiebeln
2 EL Olivenöl
1 TL Butter
1/16 l Gemüsebrühe
Salz, Pfeffer, Zucker

KNOBLAUCHFRITE
1 Knolle junger Knoblauch
1/8 l Pflanzenöl
Salz

TRÜFFELSAUCE
1 kleiner Perigord-Trüffel
1/8 l Gemüsebrühe
1/8 l Trüffelsaft (falls nicht vorhanden: Gemüsebrühe)
40 g Butter
Salz

Den Blätterteig dünn ausrollen und auf ein mit Backpapier ausgelegtes Blech geben, mit Backpapier abdecken und mit einem Blech beschweren. Im vorgeheizten Ofen bei 180 Grad ca. 15 Minuten goldbraun backen. Mit einem Ring (9 cm Ø) vier Böden ausstechen.

Die Zwiebeln schälen, je nach Größe halbieren oder vierteln und in Olivenöl anschwitzen. Mit Salz, Pfeffer und Zucker (nicht zu wenig Zucker) würzen. Die Butter und die Gemüsebrühe dazugeben und bei geschlossenem Deckel so lange köcheln bzw. schmoren, bis die Zwiebeln butterweich sind (etwa 20 Minuten).

Für die Knoblauchfrites den Knoblauch in hauchdünne Scheiben schneiden und in Pflanzenöl bei 140 Grad frittieren. Auf Krepp-Papier abtropfen lassen und etwas salzen.

Für die Trüffelsauce den Perigord-Trüffel in kleine Würfel schneiden. Alle Zutaten, bis auf die Butter, in einem Topf zum Köcheln bringen und auf ein Viertel reduzieren. Kurz vor dem Servieren mit einem Pürierstab die Butter untermixen und etwas aufschäumen.

Den Blätterteig auf die Teller geben, die geschmorten Zwiebeln darauf anrichten und mit der Trüffelsauce beträufeln.
Mit den Knoblauchfrites dekorieren.

TIPP.
Statt der Trüffelsauce kann dazu auch eine Sauerrahmsauce serviert werden. Sie verleiht der modernen Zwiebeltarte eine gewisse Leichtigkeit und Frische.
Wer noch mehr Trüffel mag, kann frischen Trüffel über das Gericht hobeln.

KLEINE FLAMMKUCHEN

TEIG
(am Vortag zubereitet)
10 g Hefe
350 g Mehl
3 g Salz
3 EL Olivenöl
⅛ l Wasser

BELAG
4 große Zwiebeln
1 EL Olivenöl
20 g Butter
Salz, Pfeffer, Zucker

8 EL Sauerrahm
Kümmel

500 g roter Chicorée

VINAIGRETTE
1 EL Weißweinessig
1 TL scharfer Senf
3 EL Traubenkernöl
1 EL Gemüsebrühe
Salz, Pfeffer

Für den Flammkuchenteig die Hefe in lauwarmem Wasser auflösen. Alle Zutaten zu einem homogenen Teig verarbeiten. Den Teig abgedeckt 1 Tag in den Kühlschrank stellen – so lässt er sich besser verarbeiten.

Für den Belag die Zwiebeln schälen, in feine Würfel schneiden und in Olivenöl und Butter andünsten. Mit Salz, Pfeffer und Zucker würzen und bei geschlossenem Deckel langsam schmoren, bis die Zwiebeln butterweich sind (etwa 15 Minuten). Ab und zu umrühren, damit nichts anbrennt.

Den Teig 2 mm dick ausrollen, mit einem Ring (5 cm Ø) kleine Kreise ausstechen und auf ein Blech mit Pergamentpapier setzen. 1 TL Sauerrahm auf die Mitte streichen, 1 EL Zwiebelmasse daraufsetzen und etwas Kümmel darüberstreuen. Kurz vor dem Servieren bei 180 Grad im Ofen ca. 10–15 Minuten goldbraun backen.

Die Chicoréeblätter putzen, waschen und trocken schleudern. Für die Vinaigrette alle Zutaten miteinander verrühren. Die Blätter kurz vor dem Servieren damit anmachen.

Die kleinen Flammkuchen auf Tellern anrichten und mit dem angemachten Chicorée garnieren.

Es gibt Momente im Leben, die vergisst du nie. Weil sie so schön sind, dass sie dich tief in der Seele berühren, und es macht was mit dir. Da passiert etwas – und du spürst ein Glück – ganz plötzlich und unerwartet. So etwas ist mir bei einem Überraschungsbesuch mit meinem Schwiegervater passiert, der in seiner Natur eher sehr ruhig und zurückhaltend ist. Wie komme ich jetzt darauf? Na – Udo und ich sind einmal spontan in die Eifel gefahren, waren Steinpilze sammeln und haben wahrhaft „fette Beute" gemacht. Steinpilze in Hülle und Fülle – eine Wonne. Die haben wir à la minute mit Butter, Salz und Pfeffer, reichlich Knoblauch und Petersilie in der Pfanne gebraten und mit den Eltern verspeist. Dazu ein, zwei schöne Flaschen Wein und dann irgendwann im Laufe des Abends schaut mein Schwiegervater mich an – mit einem Blick, den ich so zuvor noch nie an ihm wahrgenommen habe. „Solche Pilze habe ich noch nie in meinem Leben gegessen!" Da ist mir unvermittelt so was von warm ums Herz geworden, ich kann es gar nicht sagen. Danke Richard, du weißt nicht, was mir das bedeutet, bis heute...

Pilze und Steinobst – geht das zusammen? Aber ja – ich habe diese Kombination vor einigen Jahren im Piemont entdeckt und finde sie ganz einfach großartig.

APRIKOSE, STEINPILZ UND KOPFSALATHERZEN MIT ZITRONENTHYMIAN

EINGELEGTE APRIKOSEN
20 frische Aprikosen (nicht überreif)
100 g Zucker
2 Zitronen, Saft
½ l Pfirsichlikör

8 mittelgroße Steinpilze
1–2 EL Olivenöl
Salz, Pfeffer

VINAIGRETTE
1 EL Weißweinessig
3 EL Traubenkernöl
1 EL Gemüsebrühe
½ TL Senf
Salz, Pfeffer

1 Kopfsalat

Zitronenthymian zum Garnieren

Die Aprikosen halbieren, entsteinen, schälen und nochmals halbieren. Den Zucker in einem großen Topf hell karamellisieren. Die Aprikosenviertel gleichmäßig im Topf verteilen. Den Zitronensaft dazugeben und mit dem Pfirsichlikör ablöschen. Einmal kurz aufkochen und zum Abkühlen beiseitestellen. Die Aprikosen in Gläser füllen und mit dem Saft bedecken. Fest verschlossen und im Kühlschrank aufbewahrt sind die eingelegten Aprikosen mindestens zwei Wochen haltbar.

Für unser Gericht brauchen wir pro Person ca. 4–6 eingelegte Aprikosenschnitze, die etwas angewärmt sein sollten.

Die Steinpilze putzen, waschen, halbieren und kurz vor dem Anrichten in Olivenöl garen. Mit Salz und Pfeffer würzen.

Für die Vinaigrette alle Zutaten gut miteinander vermengen.

Den Kopfsalat mit der Vinaigrette leicht anmachen und mit den Steinpilzen und Aprikosen auf Tellern anrichten. Mit etwas Zitronenthymian garnieren.

TIPP.
Dazu passen auch neue Mandeln (halbiert und geschält) sehr gut.

Erdige Wärme, fruchtige Säure und knackige Frische – die Harmonie der Gegensätze ist ein kompositorisches Grundprinzip, das die Kontraste in facettenreichen Akkorden pointiert.

OVOLO MIT PFIRSICH UND KOPFSALATHERZ

16 feste, wenn möglich noch geschlossene Ovoli
1 EL Olivenöl
Salz, Pfeffer
1 Pfirsich
1 Kopfsalat

MARINADE
1 EL Holunderblütenessig
3 EL Olivenöl
1 EL Gemüsebrühe
1 TL Senf
Salz, Pfeffer

Die Ovoli putzen und mit einem feuchten Krepp-Papier reinigen. In Olivenöl anbraten und mit Salz und Pfeffer würzen. Den Pfirsich entkernen und in Scheiben schneiden. Den Kopfsalat putzen, waschen und trocken schleudern.

Für die Marinade alle Zutaten vermengen.

Alles hübsch auf Tellern anrichten und mit der Marinade beträufeln.

SOMMERSTEINPILZ, OVOLO, CHAMPIGNON UND SCHWARZER TRÜFFEL

8 feste Champignons
4 kleine feste Steinpilze
4 fest geschlossene Ovoli
1 Schwarzer Trüffel (Perigord-Trüffel) oder Sommertrüffel
Limonen-Olivenöl
schwarzer Pfeffer, gemahlen
Fleur de Sel

Alle Pilze mit einem feuchten Krepp-Papier peinlichst säubern. In dünne Scheiben schneiden oder hobeln und abwechselnd auf den schon mit Limonen-Olivenöl bestrichenen Teller legen. Die Pilzscheiben mit dem Öl marinieren,

BREITE SALBEINUDELN MIT PFIFFERLINGEN

NUDELTEIG
100 g Hartweizengrieß
100 g Mehl
100 g Dunst
6 Eigelb
1 Ei
½ TL Salz
½ TL Öl
20 Salbeiblätter
Salz, Pfeffer

100 g kleine Pfifferlinge
1 EL Butter
1 Thymianzweig
Salz, Pfeffer

20 g Parmesan, gerieben

Für den Nudelteig alle Zutaten bis auf die Salbeiblätter zu einem homogenen Teig verarbeiten, in eine Klarsichtfolie wickeln und etwa 1 Stunde kalt stellen.
Danach den Teig mit einer Nudelmaschine hauchdünn ausrollen und mit den Salbeiblättern belegen. Eine weitere Teigschicht obenauf legen und nochmals ca. 1,5 mm dünn ausrollen. Mit einem Teigrad breite Streifen schneiden und auf ein mit Mehl bestäubtes Blech geben. Die Nudelstreifen in kochendem Salzwasser 3 Minuten abkochen und mit Salz, Pfeffer und etwas Parmesan anschwenken.

Die Pfifferlinge putzen, waschen und trocken tupfen. In Butter anschwenken. Den fein gehackten Thymian dazugeben und mit Salz und Pfeffer abschmecken. Die Pfifferlinge über die Salbeinudeln geben und mit Parmesan bestreuen.

Ich bin zwar ein großer Steinpilzfan, doch nicht jedes Jahr ist ein tolles Steinpilzjahr; sind sie nicht in guter Qualität zu haben, bieten Steinchampignons eine gute Alternative.

STEINPILZ UND PFIRSICH

2–4 Pfirsiche (je nach Größe)
12 feste, mittelgroße Steinpilze
Limonen-Olivenöl
Zitronenthymian, fein geschnitten
Hibiskusblütenpulver
etwas Pfeffer aus der Mühle

Die Pfirsiche und Steinpilze in feine Scheiben schneiden. Die Teller mit Limonen-Olivenöl bestreichen und im Wechsel mit den Pfirsich- und Steinpilzscheiben belegen. Das Ganze noch einmal mit Limonen-Olivenöl marinieren und mit Zitronenthymian, Hibiskusblütenpulver und Pfeffer verfeinern.

TIPP.
Wer Schwierigkeiten hat, die Pfirsiche zu schneiden, weil sie zu reif sind, kann sie auch durch Nektarinen ersetzen.

Am schönsten ist es natürlich, die Krause Glucke selbst im Wald zu finden. Doch sie ist sehr selten und nicht sehr bekannt. Sie sieht aus wie ein großer weißer Schwamm.

KRAUSE GLUCKE MIT BIRNE UND FRISÉE

1 Friséesalat
1 Williams Christbirne
2 EL Olivenöl
1 Schalotte
1 große Krause Glucke
Salz, Pfeffer

VINAIGRETTE
1 TL Walnussöl
1 EL Traubenkernöl
1 EL Olivenöl
1 EL Weißweinessig
1 EL Pilzfond
Salz, Pfeffer, Piment d'Espelette

Den Friséesalat putzen, waschen und trocken schleudern. Kurz vor dem Anrichten anmachen.

Die Birnen achteln oder in Schnitze schneiden und das Kerngehäuse entfernen. Die Scheiben in 1 EL Olivenöl braten.

Die Schalotte schälen, in feine Würfel schneiden und im restlichen Olivenöl anschwitzen. Die Krause Glucke gut waschen, trocknen und in Scheiben schneiden. Diese zu den Schalottenwürfeln geben, mit Salz und Pfeffer würzen und so lange braten, bis sie gar sind. Den entstandenen Pilzfond für die Vinaigrette verwenden.

Für die Vinaigrette alle Zutaten miteinander verrühren.

Nun alles wild aus dem Bauch heraus anrichten und servieren.

TIPP.
Sollte die Krause Glucke unauffindbar sein, können auch Totentrompeten herhalten.
Beides sollte auf jeden Fall geputzt, gut gewaschen und trocken getupft werden.

Schwarze Nüsse sind Walnüsse, die unreif gepflückt und süß eingelegt werden. Sie können für sich allein als Konfekt genascht werden oder, in feinen Scheibchen aufgeschnitten, Desserts und Salate bereichern.

HERBSTLICHER SALAT

2 Feigen
4 Champignons
2 kleine Birnen
2 schwarze Nüsse
Limonen-Olivenöl
Walnussöl
Birnenessig
schwarzer Pfeffer, gemahlen
Hibiskusblütenpulver (falls vorhanden)

Die Feigen, Champignons, Birnen und schwarzen Nüsse in feine Scheiben schneiden – am besten mit einer Aufschnittmaschine. Die Teller mit etwas Limonen-Olivenöl bestreichen und darauf die Scheiben legen. Ganz wild nach Gefühl!

Die Teller können bereits vorzeitig belegt werden, so dass die Obst-, Pilz- und Nussscheiben Zimmertemperatur annehmen. Denn dadurch kommt ihr Geschmack noch besser zur Geltung.

Kurz vor dem Servieren mit Limonen-Olivenöl, Walnussöl und ein wenig Birnenessig marinieren, mit schwarzem Pfeffer und Hibiskusblütenpulver würzen.

TIPP.

Dazu passt wunderbar ein Nüsslisalat aus den Reben, fein angemacht mit Haselnussöl, Himbeeressig, Salz, Pfeffer und frischen großen Walnussstücken.

Vermutlich kennen Sie das: Es gibt gewisse Gerüche, die erzeugen unmittelbar ein konkretes Bild und wecken Glücksgefühle. Da spielt sich ein inneres Szenario ab und man verspürt Wärme und Geborgenheit, Gelassenheit, wie von Zauberhand, und eine beseelte Ruhe: Alles ist gut, wie es ist – man ist ganz bei sich. Das Schöne daran, es braucht dazu gar nicht viel und oft sind es schlicht liebgewonnene Rituale. Für mich ist es der Wirsing, von meinem Vater alljährlich an Weihnachten gekocht und über Stunden geschmort, bis er wunderbar zart und mürbe ist. Er nimmt sich alle Zeit der Welt dafür und zelebriert das mit echter Hingabe. Sobald ich dies in der Nase habe, geht es mir gut und ich weiß: Egal, wie alt ich auch sein mag, solange es das gibt, bin ich auch ein Kind und ich genieße es, wie nahe wir uns in diesen Momenten sind, ohne ein Wort zu sprechen…

CREMEWIRSING MIT SCHWARZEN NÜSSEN UND BRAUNER BUTTER

BRAUNE BUTTER
80 g Butter

CREMEWIRSING
1 Wirsing
1 TL Butter
⅛ l Sahne
Salz, Pfeffer, Muskat

SCHWARZE NÜSSE
4 schwarze Nüsse, in Scheiben geschnitten

Für die braune Butter die frische Butter so lange köcheln lassen, bis sie nach Haselnuss riecht – der nussähnliche Geschmack verleiht ihr auch den Namen „Nussbutter".

Für den Cremewirsing die schönen Wirsingblätter vom Strunk entfernen und in Salzwasser kochen, bis sie gar sind. Dann in Eiswasser abschrecken, abtropfen und ausdrücken, so dass die Blätter so gut wie trocken sind. Nun den Wirsing ganz fein schneiden und in einem Topf mit der Butter und der Sahne erhitzen. Mit Salz, Pfeffer und etwas geriebenem Muskat würzen bzw. abschmecken.
Mit zwei großen Löffeln Nocken abdrehen und anrichten, die schwarzen Nussscheiben auf die Wirsingnocken setzen und mit der warmen braunen Butter nappieren.

Bärlauchknospen und -blüten bereichern die Küche ebenso wie die Blätter. Sie sind nicht ganz so durchdringlich im Geschmack, was mir sehr entgegenkommt.

KOHLRABITASCHEN MIT ZIEGENFRISCHKÄSE, BÄRLAUCHKNOSPE UND HIBISKUSBLÜTE

KOHLRABITASCHEN
2 mittelgroße Kohlrabi (man sollte darauf achten, dass sie nicht holzig sind)
1 EL Olivenöl
1/8 l Gemüsebrühe
120 g Ziegenfrischkäse natur
1 Bund Schnittlauch, fein geschnitten
Salz

KOHLRABIFOND
1 Schalotte
2 EL Olivenöl
3 EL Noilly Prat
1/4 l Gemüsebrühe
1 EL Butter
Salz, Pfeffer

1 Handvoll Bärlauchknospen
Hibiskusblütenpulver

Für die Kohlrabitaschen die ungeschälten Kohlrabi in 12 feine Scheiben schneiden, in Olivenöl anschwitzen und salzen (den übrig gebliebenen Kohlrabi beiseitestellen). Mit der Gemüsebrühe auffüllen und garen. Die gegarten Scheiben abkühlen lassen und mit Krepp-Papier trocken tupfen. Den Ziegenfrischkäse mit dem Schnittlauch vermengen. Ca. 1 TL auf eine Kohlrabischeibe geben, diese zusammenklappen und die Ränder etwa andrücken.

Für den Kohlrabifond die Schalotte schälen, fein schneiden und in 1 EL Olivenöl anschwitzen. Mit dem Noilly Prat ablöschen. Die Gemüsebrühe dazugeben und das Ganze auf die Hälfte reduzieren. Den beiseitegestellten Kohlrabi durch den Entsafter geben und den Saft ebenfalls dazugeben. Das Ganze einmal aufkochen lassen, passieren und nochmals aufkochen lassen. Mit Salz und Pfeffer würzen. Mit dem restlichen Olivenöl und der Butter binden und verfeinern.

Die Kohlrabitaschen auf den Tellern drapieren und mit dem Fond übergießen. Mit den Bärlauchknospen und dem Hibiskusblütenpulver dekorieren und verfeinern.

Mangold erlebt in den letzten Jahren eine richtige Renaissance und wird immer beliebter; er wird häufig mit Spinat verglichen, doch ich finde, er hat einen ganz eigenen Geschmack, deutlich erdiger und auch eine Spur kräftiger.

MANGOLDKUGELN AUF CHAMPIGNONS À LA CRÈME

MANGOLDKUGELN
8 Mangoldblätter
1 Schalotte
20 g Butter
30 g Weißbrot, gewürfelt und geröstet
20 g Parmesan oder Gruyère, gerieben
20 ml Gemüsebrühe
1 Thymianzweig, fein geschnitten
Salz, Pfeffer, Muskat

CHAMPIGNONS À LA CRÈME
200 g Steinchampignons
1 Schalotte
1 EL Olivenöl
½ Zitrone, Saft
50 ml Weißwein
40 ml Sahne
1 Thymianzweig
Salz, Pfeffer

THYMIANÖL
40 ml Olivenöl
1 Bund Thymian mit grünen Blättern
1 Msp. Meersalz

Für die Mangoldkugeln die Mangoldblätter von den Stielen befreien und die Stiele beiseitestellen. Die grünen Mangoldblätter in Salzwasser blanchieren, abschrecken und auf einem Küchentuch trocken tupfen. Die Mangoldstiele und die Schalotte schälen, in feine Würfel schneiden und in etwas Butter in einem Topf weich dünsten. Mit Thymian, Salz, Pfeffer und Muskat verfeinern, die gerösteten Weißbrotwürfel und den Parmesan bzw. Gruyère beigeben. Die Masse auf die grünen Blätter geben und diese in einem Küchentuch zu runden Kugeln formen und ausdrücken. Die Kugeln in einen Topf mit etwas Butter geben, die Gemüsebrühe dazugießen und mit Salz, Pfeffer und Muskat abschmecken. Bei geschlossenem Deckel 5 Minuten dünsten.

Für die Champignons à la crème die Steinchampignons und die Schalotte schälen, in feine Würfel schneiden und in Olivenöl glasig dünsten. Mit Zitronensaft und Weißwein ablöschen und einkochen lassen. Mit der Sahne auffüllen und so lange köcheln lassen, bis eine cremige Konsistenz erreicht ist. Abschließend mit Salz, Pfeffer und gezupften Thymianblättern abschmecken.

Für das Thymianöl alle Zutaten in einen Mixer geben und mixen.

Verjus ist der reine Saft unausgereifter grüner Trauben; sie können ihn hier in der Region direkt bei einigen Winzergenossenschaften beziehen.

ZWEIERLEI SPITZKRAUT AUF ROTKOHLFOND

ROTKOHLFOND
¼ Kopf Rotkohl
1 Schalotte
1 TL Butter
⅛ l Rotwein
⅛ l roter Portwein
1 Prise Zucker
30 g kalte Butter
Salz, Pfeffer aus der Mühle

SPITZKRAUTBÄLLCHEN
1 Kopf Spitzkraut
1 EL Olivenöl
1 TL Verjus
1 EL Butter
Salz, Pfeffer, Muskat

SPITZKRAUTSALAT
¼ Kopf Spitzkraut
2 EL Apfelessig
1 EL Olivenöl
½ Bund Blattpetersilie, ohne Stiel und fein geschnitten
Salz, Pfeffer

Für den Rotkohlfond den Rotkohl vom Strunk lösen und in einen Entsafter geben. Die Schalotte schälen, fein schneiden und in Butter glasig andünsten. Mit dem Rot- und Portwein ablöschen und um zwei Drittel einkochen. Anschließend den Rotkohlsaft dazugeben, etwas einkochen, passieren und erneut aufkochen. Mit Salz, Pfeffer und Zucker abschmecken und mit der kalten Butter, die mit einem Schneebesen eingerührt wird, binden und verfeinern.

Für die Spitzkrautbällchen 6 große Spitzkrautblätter in Salzwasser blanchieren und in Eiswasser abschrecken. Den Strunk entfernen, die Blätter halbieren und zum Trocknen zwischen Krepp-Papier legen und einmal leicht mit einem Wellholz darüberrollen. Für die Füllung das restliche Spitzkraut gründlich ausdrücken und fein schneiden. Anschließend in Olivenöl andüsten, mit Salz, Pfeffer und etwas Muskat würzen und mit Verjus verfeinern. Die Füllung in die Mitte der getrockneten Spitzkrautblätter geben, zusammenklappen und zu kleinen Kugeln formen. Die Kugeln nacheinander in ein Tuch legen und leicht abdrehen. So erhalten sie eine schöne Form. Kurz vor dem Servieren die Spitzkrautbällchen in Butter anschwenken und erhitzen.

Für den Spitzkrautsalat die Spitzkrautblätter vom Strunk lösen und in feine Streifen schneiden. Kurz vor dem Servieren die Spitzkrautstreifen mit den restlichen Zutaten anmachen und auf den Bällchen anrichten. Das Ganze auf den Rotkohlfond geben und servieren.

BLUMENKOHL MIT RAPSBLÜTE

BLUMENKOHLPÜREE
½ Blumenkohl
1 EL Rapsöl
¼ l Sahne
30 g Butter
Salz, Pfeffer

GEBRATENE BLUMENKOHLRÖSCHEN
¼ Blumenkohl
1 EL Rapsöl

VIOLETTER BLUMENKOHLSALAT
⅛ violetter Blumenkohl
1 EL Rapsöl
½ Zitrone, Saft
Salz, Pfeffer

MARINADE
1 EL Weißweinessig
1 EL Zitronensaft
3 EL Rapsöl
1 EL Gemüsebrühe
Salz, Pfeffer

Rapsblüten zum Garnieren

Für das Blumenkohlpüree den Blumenkohl in grobe Stücke schneiden, in Rapsöl andünsten und mit Salz und Pfeffer würzen. Die Sahne hinzugeben und so lange köcheln lassen, bis der Blumenkohl gar und weich ist. Die Blumenkohlstücke in eine Küchenmaschine geben und pürieren. Die Butter erwärmen und so lange köcheln lassen, bis sie goldbraun ist. Die braune Butter (Nussbutter) zum Blumenkohlpüree in die Küchenmaschine geben und alles sämig mixen. Je nach Konsistenz noch etwas Sahne beifügen.

Für die gebratenen Blumenkohlröschen die Rosen vom Blumenkohl lösen, in Salzwasser kochen und kurz vor dem Anrichten in Rapsöl braten.

Für den violetten Blumenkohlsalat die Röschen vom Blumenkohl lösen und mit den restlichen Zutaten kurz vor dem Anrichten anmachen.

Für die Marinade alle Zutaten miteinander vermengen.

Nun das Püree, die gebratenen Blumenkohlröschen und den violetten Blumenkohlsalat auf Tellern anrichten, mit der Marinade verfeinern und mit den Rapsblüten garnieren.

Meinen eigenen Zugang zum richtigen Umgang mit Gemüse habe ich meiner Zeit als Entremetier in den Schweizer Stuben bei Küchenchef Fritz Schilling entdeckt. Seine Hingabe und Akribie in der Zubereitung hat mich zunächst unheimlich gefordert und angestrengt, später jedoch einfach nur fasziniert. Weil ich durch ihn erst richtig verstanden habe, was Achtung und Feingefühl für das Produkt bedeuten. Und weil du diese Sorgfalt auf unnachahmliche Weise schmeckst, wenn du sie einmal erlernt hast. Insbesondere die Art und Weise, wie er Artischocken – und vor allem die kleinen Poivrades – geputzt, ihre Blätter gezupft, die bittere Schale samt einem kleinen Teil vom Stiel mit einem scharfen Tourniermesser abgeschnitzt und das Heu mit einem Kugelausstecher entfernt hat – das hatte so etwas Feines und Kunstfertiges, war so behutsam und liebevoll, das hat mich tief beeindruckt. Ich habe das so sehr verinnerlicht und mache es immer noch ganz genau so. Und wenn ich mich – heute von anderen dafür belächelt – voller Zuwendung an diese Arbeit mache, muss ich mit dankbarem Schmunzeln an Fritz Schilling denken…

Artischocken „Poivrade“ sind die kleinen violetten Babyartischocken, deren Blättchen deutlich feiner sind als die ihrer größeren Verwandten. Sie sind in bester Qualität im Sommer auf den Märkten zu haben.

GESCHMORTE ARTISCHOCKEN »POIVRADE« MIT SALANOVA UND TRÜFFEL

ARTISCHOCKENSAUCE
(siehe Rezept Seite 126)

GESCHMORTE ARTISCHOCKEN
(siehe Rezept Seite 126)

TRÜFFELVINAIGRETTE
1 EL Weißweinessig
2 EL Traubenkernöl
1 EL Trüffelsaft oder Gemüsebrühe
1 gehäufter EL fein gehackter frischer Trüffel
Salz, Pfeffer aus der Mühle

1 Salanova (oder Salatsorten nach Belieben)
1 Perigord-Trüffel

Für die Trüffelvinaigrette alle Zutaten vermengen und damit den Salanova kurz vor dem Servieren anmachen.

Die Artischocken in der Artischockensauce erwärmen. Auf Tellern anrichten, mit Salatblättern garnieren und den Perigord-Trüffel darüberhobeln.

GESCHMORTE BRETONISCHE ARTISCHOCKE MIT FRISÉESALAT UND PARMESANCHIPS

GESCHMORTE ARTISCHOCKEN
2 große Artischocken
2 EL Olivenöl
½ Zitrone, Saft
⅛ l Wasser
Limonen-Olivenöl
Salz, Pfeffer

PARMESANCHIPS
8 EL Parmesan, gerieben

VINAIGRETTE
1 EL Weißweinessig
1 EL Artischockenfond
2 EL Traubenkernöl
Salz, Pfeffer

2 Köpfe Friséesalat

Von den Artischocken den Strunk, die Blätter und das Heu entfernen. Die Artischockenböden in Olivenöl anschwitzen und salzen. Den Zitronensaft und das Wasser hinzugeben und bei geschlossenem Deckel langsam köcheln bzw. schmoren, bis die Herzen gar sind. Den Fond beiseitestellen und die Artischockenherzen abkühlen lassen. Danach in dünne Scheiben schneiden und die Teller damit auslegen. Mit Limonen-Olivenöl und etwas Pfeffer marinieren und verfeinern.

Für die Parmesanchips je 1 EL Parmesan zwischen zwei Pergamentpapiere (16 Stück auf 5 x 5 cm zurechtgeschnitten) geben und in eine Teflonpfanne legen. Mit einem Topf beschweren und so lange erhitzen, bis der Parmesan goldgelb ist.

Für die Vinaigrette alle Zutaten vermengen.

Den Salat putzen, waschen und trocken schleudern. Kurz vor dem Servieren mit der Vinaigrette anmachen.

Die marinierten Artischockenscheiben auf den Salat legen und mit den Parmesanchips garnieren.

TIPP.
Statt der Parmesanchips können auch Parmesanspäne über das Gericht gegeben werden.

GESCHMORTE ARTISCHOCKEN AUF ARTISCHOCKENSAUCE UND SALICORNESSALAT

GESCHMORTE ARTISCHOCKEN
12 kleine Artischocken
3 EL Olivenöl
1 Zitrone, Saft
⅛ l Wasser
Salz

ARTISCHOCKENSAUCE
1 große Artischocke
6 EL Olivenöl
4 Thymianzweige
1 Zitrone, Saft
1 l Gemüsebrühe
20 g Butter
Salz, Pfeffer

SALICORNESSALAT
200 g Salicornes
3–4 EL Olivenöl
1 Zitrone, Saft
Pfeffer, Piment d'Espelette

Für die geschmorten Artischocken die kleinen Artischocken putzen und halbieren (die zarten Blätter für die Sauce beiseitelegen). Die Artischockenhälften in Olivenöl hell andünsten. Salzen, den Zitronensaft und das Wasser hinzufügen und so lange bei geschlossenem Deckel köcheln lassen, bis die Artischocken gar sind.

Für die Artischockensauce die große Artischocke putzen, Blätter und Heu entfernen und das Herz in grobe Würfel schneiden. Die Artischockenwürfel und -blätter in 3 EL Olivenöl andünsten. Mit Salz und Pfeffer würzen und die Thymianzweige dazugeben. Den Zitronensaft unterrühren und mit der Gemüsebrühe auffüllen. Das Ganze auf etwa die Hälfte einkochen, passieren und noch einmal aufkochen. Mit Salz und Pfeffer abschmecken und mit dem restlichen Olivenöl und der Butter leicht binden und verfeinern.

Die Salicornes waschen und gut abtropfen lassen. Kurz vor dem Servieren mit Olivenöl, Zitronensaft, Pfeffer und Piment d'Espelette anmachen.

TIPP.
Die Artischockensauce kann auch als Suppe genossen werden.

Was mich an Roter Bete am meisten fasziniert, das ist ihre einzigartige Farbe. Aber ganz davon abgesehen hat sie natürlich weit mehr Qualitäten, wenn man sie richtig zu nehmen weiß. Mein Vater hat schon sehr früh angefangen, ein wenig mit dieser Knolle zu experimentieren, und die Idee zu der feinen Rote-Bete-Essenz habe ich von ihm übernommen. Weil sie so genial gut und so einfach zuzubereiten ist. Ein Traum in Tiefviolett... Ursprünglich hat Papa sie roh geschält und in die Brühe gerieben, aber irgendwann sind wir darauf gekommen, dass es das gar nicht braucht. Heute ziehen wir einfach die Schale ab, geben die Rote Bete in Stückchen geschnitten in den Entsafter, und dann machen wir aus dem puren Saft unser Süppchen. Noch einen richtig guten alten Balsamico dazu – gerne reichlich – und sie ist perfekt. Die süße Säure nimmt dem typischen Geschmack das Mineralische und Erdige, das viele nicht so gern haben. Wer das Ganze als Frühstückssaft kredenzen möchte, greift statt zu Essig zu etwas Honig oder Himbeeren; das erzielt einen ähnlichen Effekt und ist auch sehr fein. Ich schwöre darauf...

Die Blätter der Roten Bete lassen sich ähnlich wie die von Radieschen ebenfalls prima in der Küche verwenden; sie eignen sich hervorragend für Dipps und Salate.

SALAT VON KLEINEN ROTEN BETEN

20 kleine junge Rote Beten (mit Blättern)
2 EL Weißweinessig
6 EL Traubenkernöl
1 EL Meerrettich
etwas Olivenöl
1 Spritzer Zitronensaft
Salz, Pfeffer

Die Blätter der Roten Beten entfernen und beiseitestellen. Die Knollen in der Schale so lange in Salzwasser kochen, bis sie gar sind. Anschließend die Haut entfernen und halbieren. Mit Weißweinessig, Traubenkernöl, Meerrettich, Salz und Pfeffer anmachen. Die Rote-Bete-Blätter mit Olivenöl und etwas Zitronensaft marinieren und auf die Rote-Bete-Hälften legen.

Eine knusprige Baguettescheibe mit marinierten Rote-Bete-Blättern und Wachteleispiegelei oder auch das Ei allein runden die Suppe hervorragend ab. Wer es sich ganz einfach machen möchte, kann auch ein paar Kartoffelchips dazu servieren.

GEEISTE ROTE-BETE-SUPPE MIT CRÈME FRAÎCHE

20 kleine Rote Beten (am besten eignen sich die frisch im September und Oktober geernteten)
1 Schalotte
1 EL Olivenöl
¼ l Gemüsebrühe
½ EL Weizenstärke, mit etwas Wasser verrührt
3 EL alter Balsamico
Salz, Piment d'Espelette
Crème fraîche (1 EL pro Person)
Schnittlauch nach Belieben

Die Roten Beten schälen, in grobe Würfel schneiden und entsaften. Den Saft beiseitestellen.
Die Schalotte schälen, fein schneiden und in Olivenöl anschwitzen. Mit der Gemüsebrühe auffüllen, etwas einkochen und den Rote-Bete-Saft dazugeben. Einmal aufkochen, passieren und erneut aufkochen. Mit Salz und Piment d'Espelette würzen und mit der angerührten Stärke binden. Ein paar Minuten köcheln lassen, bis sich der Stärkegeschmack verloren hat. Anschließend auf Eis kalt rühren, mit dem Balsamico verfeinern und eventuell noch einmal mit Salz oder Piment d'Espelette nachwürzen.

Die Rote-Bete-Suppe in einer Schale kalt servieren. Die Crème fraîche und der Schnittlauch sorgen für die Abrundung im Gaumen.

TIPP.
Die Rote-Bete-Suppe kann auch ein oder zwei Tage früher zubereitet werden, muss dann allerdings in einem verschlossenen Glas im Kühlschrank aufbewahrt werden.

GEBACKENE REISBÄLLCHEN MIT ROTE BETE

REISBÄLLCHEN
1 Schalotte
1 EL Butter
2 Tassen Risottoreis
100 ml Weißwein
250 ml Gemüsebrühe
50 g Parmesan, gerieben
50 g Gruyère, gerieben
100 g Weißbrotbrösel
1 Msp. Kreuzkümmel
Salz, Pfeffer
1 Ei
1 l Erdnussöl

ROTE-BETE-SALAT
2 Stk. Rote Bete
1 Msp. Kümmel
1 Schalotte
1 EL Weißweinessig
1 TL Meerrettich
2 EL Traubenkernöl
Salz, Pfeffer

ROTE-BETE-SAUCE
3 Stk. Rote Bete
100 ml Gemüsebrühe
1 EL Himbeeressig
1 TL Mondamin

ROTE-BETE-CRÈME-FRAÎCHE
2 EL Crème fraîche
2 EL Rote-Bete-Sauce

Für die Reisbällchen die Schalotte schälen, in feine Würfel schneiden und in Butter anschwitzen. Den Risottoreis beigeben und mit Weißwein ablöschen. Nach und nach die Gemüsebrühe unter ständigem Rühren beigeben und so lange köcheln lassen, bis der Reis gar ist. Danach auf ein Blech geben und auskühlen lassen. Parmesan, Gruyère und 50 g Weißbrotbrösel unter den Reis heben. Mit Kreuzkümmel, Salz und Pfeffer abschmecken und zu ca. 30 g schweren Kugeln formen. Das Ei verquirlen, die Kugeln durchziehen und in den restlichen Weißbrotbröseln wenden. Anschließend in 160 Grad heißem Erdnussöl ausbacken.

Für den Rote-Bete-Salat die Rote Bete waschen und in Salzwasser mit dem Kümmel halbgar kochen. Die Haut abziehen und die Knollen in feine Streifen schneiden. Die Schalotte schälen, in ganz feine Würfel schneiden und glasig dünsten. Mit Weißweinessig ablöschen. Danach Meerrettich, Traubenkernöl, Salz und Pfeffer beigeben. Zum Schluss die Rote-Bete-Streifen unterziehen.

Für die Rote-Bete-Sauce die Rote Bete in einen Entsafter geben. Den Saft mit der Gemüsebrühe mischen, den Himbeeressig dazugeben und um die Hälfte einkochen. Den Schaum abschöpfen. Danach mit in etwas Wasser angerührtem Mondamin abbinden und 5 Minuten kochen lassen.

Für die Rote-Bete-Crème-fraîche die Crème fraîche mit 2 EL Rote-Bete-Sauce mischen.

Der erdige Grundton der Roten Bete und der Kartoffeln erhalten durch die Frische von Meerrettich einen scharf-säuerlichen Akzent. Wer es gern saftig hat, gibt noch einige hauchdünne Apfelschnitze dazu.

KARTOFFELCHIPS MIT ROTE BETE UND WACHTELEISPIEGELEI

KARTOFFELCHIPS
2 mittelgroße Kartoffeln, festkochend
½ l Pflanzenöl
Salz

WACHTELEISPIEGELEI
4 oder 8 Wachteleier
1 TL Butter
Piment d'Espelette

MARINADE
1 TL Weißweinessig
2 TL Traubenkernöl
Salz, Pfeffer
1 Msp. Senf

ca. 80 g Rote-Bete-Blätter – nur die zarten kleinen

SAUERRAHM
3 EL Sauerrahm
1 Prise Salz
1 TL Meerrettich

ROTE-BETE-SAUCE
(siehe Rezept Seite 134)

Für die Kartoffelchips die Kartoffeln schälen und in feine Scheiben hobeln. Die Kartoffelscheiben in heißem Pflanzenöl (auf 160 Grad erhitzt) goldgelb frittieren. Auf einem Krepp-Papier trocken tupfen und etwas salzen.

Die Wachteleier aufschlagen und vorsichtig in eine Schüssel gleiten lassen. Eine Teflonpfanne erhitzen, die Butter schmelzen und erhitzen. Die Eier hineingleiten lassen und nicht zu scharf braten. Mit Piment d'Espelette würzen und eventuell mit einem Ring ausstechen.

Für die Marinade alle Zutaten vermengen und kurz vor dem Anrichten die Rote-Bete-Blätter damit anmachen.

Den Sauerrahm mit dem Salz und Meerrettich vermengen und glatt rühren.

Die Rote-Bete-Sauce und den Sauerrahm auf die Teller geben, die kleinen Spiegeleier und abschließend die Kartoffelchips und die Rote-Bete-Blätter darauf anrichten.

Meine Mutter hat Ende Dezember Geburtstag und bekommt von unserem Trüffelhändler aus diesem Anlass immer eine faustgroße Köstlichkeit geschenkt. Dieser schwarze Perigord-Trüffel wird dann im engsten Familien- und Freundeskreis zu einem wahren Festmahl bereitet und es ist unglaublich, denn dieses kleine Juwel ist so ergiebig, dass es Papa immer wieder für 5 Gänge reicht. Ich kann gar nicht genau sagen, wann das eigentlich angefangen hat, aber es ist uns über die Jahre zu einem festgeschriebenen Ereignis geworden und die Abfolge ist immer die gleiche. Jeder weiß ganz genau, was kommt, das ist die unausgesprochene Erwartung und wir freuen uns schon lange Zeit vorher darauf. Es ist und bleibt etwas Besonderes, das uns verbindet und wir hoffen, dass es noch lange so bleibt…

KARTOFFELCREME UND KNUSPRIGE KARTOFFELTALER MIT TRÜFFEL

KARTOFFELCREME
200 g Kartoffeln, mehligkochend
100 ml Sahne
50 g braune Butter
20 g frische Trüffel, gehackt
Salz, Muskat

KARTOFFELTALER
4 mittelgroße Kartoffeln der Sorte Belana
1 Msp. Kümmel
2 EL Butterschmalz
20 g frische Trüffel
Meersalz, Pfeffer

Für die Kartoffelcreme die Kartoffeln schälen und in Salzwasser weich kochen. Danach ausdampfen lassen und durch eine Kartoffelpresse drücken. Die Sahne mit der braunen Butter aufkochen lassen und nach und nach unter die Kartoffeln rühren. Mit Salz und Muskat abschmecken und den frisch gehackten Trüffel unterheben.

Für die Kartoffeltaler die Kartoffeln waschen und in der Schale in Salzwasser mit dem Kümmel weich kochen. Anschließend pellen und in breite Scheiben schneiden. In einer Pfanne in Butterschmalz ca. 30 Minuten ganz langsam von oben und unten goldgelb braten. Den frischen Trüffel hobeln und zwischen die gebratenen Kartoffelscheiben legen. Eventuell etwas Meersalz und Pfeffer darüberstreuen.

Kartoffeln und Trüffel pur – da geht mir einfach das Herz auf. Ich brauche eigentlich nichts anderes dazu...

KARTOFFEL UND PERIGORD-TRÜFFEL

KARTOFFELPÜREE
500 g Kartoffeln, mehligkochend
¼ l Sahne
2 EL Butter
Salz, Pfeffer, Muskat

KARTOFFELCHIPS
2 Kartoffeln
¼ l Pflanzenöl
Salz

KARTOFFELFOND
4 EL Kartoffelpüree
¼ l Gemüsebrühe (falls vorhanden etwas Trüffelsaft)

Perigord-Trüffelwürfel – Menge und Schnittweise nach Belieben

Für das Püree die Kartoffeln schälen, vierteln und in Salzwasser kochen, bis sie gar sind. Das Wasser abschütten, die Kartoffeln ausdampfen lassen und anschließend durch eine Kartoffelpresse drücken. Die Sahne einmal aufkochen und mit Salz, Pfeffer und Muskat würzen. Alle Zutaten miteinander vermengen und abschmecken. Am besten sofort anrichten und verzehren.

Für die Chips die Kartoffeln schälen, in feine Scheiben hobeln und in heißem Pflanzenöl (auf 140 Grad erhitzt) goldbraun frittieren. Auf Krepp-Papier legen und etwas salzen.

Für den Kartoffelfond alle Zutaten miteinander vermengen, erhitzen und abschmecken.

Das Kartoffelpüree auf Tellern anrichten, den Fond darübergießen und mit den Chips garnieren.

Über das Gericht die Perigord-Trüffelwürfel geben. Das verleiht den letzten Pfiff!

Butterrüben waren lange Zeit eher wenig geschätzt, das hat sich mittlerweile geändert und dieses schon vor Jahrhunderten kultivierte Gemüse hat endlich wieder zu neuer Wertschätzung gefunden: Gut so!

GLACIERTE BUTTERRÜBEN MIT PERIGORD-TRÜFFEL

12 mittelgroße Butterrüben
200 ml Gemüsebrühe
50 g braune Butter
15 g frischer Perigord-Trüffel, in Scheiben geschnitten
1 Prise Muskat
Salz, Piment d'Espelette

Die Butterrüben gleichmäßig schälen, in einen Topf geben und mit Muskat und Salz würzen. Die Gemüsebrühe und die braune Butter beigeben und leicht köcheln lassen, bis die Butterrüben weich sind (ca. 1 Stunde). Die Rüben aus dem Topf nehmen, in drei Scheiben schneiden und die Trüffelscheiben darauflegen und die Rübe wieder zusammensetzen.
Den Glacierfond etwas einkochen, mit Salz und Piment d'Espelette abschmecken und über die Butterrüben gießen.

Sel de Guérande ist ein grobkörniges Meersalz aus den Salinen der Gemeinde Guérande in der Bretange. Ich habe es gern, weil es etwas weniger salzig und somit milder ist als die anderen gängigen Sorten.

LA-RATTE-KARTOFFELN UND SCHWARZER TRÜFFEL

8 mittelgroße Kartoffeln der Sorte La Ratte
1 Perigord-Trüffel
Olivenöl
Sel de Guérande
schwarzer Pfeffer aus der Mühle

Die Kartoffeln kochen, pellen, erkalten lassen und in Scheiben schneiden. Den Trüffel mit einem Trüffelhobel in viele kleine Scheiben hobeln. Auf den Tellern jeweils 1 EL Olivenöl, etwas Sel de Guérande und Pfeffer gleichmäßig verteilen. Anschließend die Kartoffel- und die Trüffelscheiben im Wechsel wie eine Rose auf den Tellern drapieren. Das Ganze kurz vor dem Servieren im Backofen oder unter einem Salamander leicht erwärmen. Erneut Olivenöl, Sel de Guérande und Pfeffer darübergeben und servieren.

Dieses Rezept führt mich unmittelbar in die Küche meiner Oma – und ich denke sehr gerne daran zurück: Sie hat den Lauch immer so richtig weich durchgeschmort und ich liebe das – bis heute…

GESCHMORTER LAUCH MIT KARTOFFELSTAMPF UND TRÜFFEL

KARTOFFEL-TRÜFFEL-STAMPF
200 g Kartoffeln der Sorte La Ratte
1 Msp. Kümmel
40 g Butter
20 g Trüffel
Salz, Pfeffer

GESCHMORTER LAUCH
4 Stangen Lauch
10 g Butter
50 ml Gemüsebrühe
10 g Butterschmalz
Salz, Pfeffer

100 g Crème fraîche
Salz, Pfeffer
20 g Trüffel

Für den Kartoffel-Trüffel-Stampf die Kartoffeln in der Schale mit dem Kümmel in Salzwasser weich kochen. Danach pellen und mit der Butter in einen Topf geben. Den Trüffel hacken und den Kartoffeln beigeben. Das Ganze mit einer Gabel grob zerdrücken und mit Salz und Pfeffer abschmecken.

Für den geschmorten Lauch die Lauchstangen waschen, halbieren und die unteren 15 cm abschneiden. Die Butter in einen flachen Topf geben, die unteren Lauchenden mit der Schnittseite nach unten einlegen und mit der Gemüsebrühe auffüllen. Mit Salz und Pfeffer würzen und bei geschlossenem Deckel etwa 6 Minuten dünsten. Den Lauch herausnehmen und in einer Teflonpfanne in Butterschmalz goldgelb braten.

Die Crème fraîche in eine Schüssel geben und mit Salz und Pfeffer abschmecken.
Den restlichen Trüffel in Julienne schneiden und darüberstreuen.

Der Kürbis – ein ziemlich eigenwilliger Dickkopf, nicht ohne weiteres zugänglich und auch nicht immer so leicht zu handhaben. Man braucht schon etwas Einfühlungsvermögen, Kraft und Energie, um ihn zu knacken. Imposante Erscheinung, harte Schale, weicher Kern. Hat man es aber erst einmal geschafft, dann ist er für sehr vieles offen. Da kannst du deine echte Freude haben und das macht ihn mir äußerst sympathisch. Wenn ich so darüber sinniere, dann ist das eine schöne Metapher für eine ganze Reihe liebenswerter Menschen, die ich kennen und wirklich schätzen gelernt habe, ja nicht mehr missen möchte. Und ich denke da ganz besonders an einen, aber wer es ist, das sage ich nicht…

Für Salate mit Kürbis ist ein kräftiger und gehaltvoller Essig ideal; die ausgeprägte Säure rundet den Geschmack perfekt ab.

GEFÜLLTE CHAMPIGNONS MIT KÜRBISSALAT

¼ Muskatkürbis
20 g Butter
1 Eigelb
8–10 mittelgroße Champignons
1 TL Apfelessig
1 EL Rapsöl
2 EL Olivenöl
1 unbehandelte Limone, Saft und Abrieb
etwas geriebener Ingwer
Salz, Zucker, schwarzer Pfeffer, Piment d'Espelette

TOTENTROMPETENJUS
1 Schalotte
20 g braune Butter
60 g frische Totentrompeten
¼ Knoblauchzehe
200 ml Gemüsebrühe
Salz, Pfeffer

Den Kürbis schälen und zwei Drittel mittelgrob raspeln. Butter in eine Pfanne geben und die Kürbisraspeln ca. 2 Minuten anschwenken. Mit Ingwer, Salz und schwarzem Pfeffer abschmecken und das Eigelb hinzufügen. Das Ganze zum Auskühlen auf ein Blech mit Krepp-Papier geben.
Die Champignons vom Stiel befreien und trocken in einer Pfanne anbraten. Dann die Kürbismasse auf den Champignons zu einer Kugel formen und in einem Topf mit etwas Butter und Salz ca. 10 Minuten schmoren.
Den restlichen Kürbis in feine Streifen schneiden und mit Salz, Pfeffer, Zucker, Piment d'Espelette, Apfelessig, Rapsöl, Olivenöl, Limonensaft und -abrieb abschmecken und auf die Champignon-Kürbis-Stücke geben.

Für die Totentrompetenjus die Schalotte schälen, würfeln und in Butter glasig andünsten. Die Totentrompeten waschen und mit der Knoblauchzehe, Salz und Pfeffer zu den Schalotten geben. Mit der Gemüsebrühe auffüllen. 5 Minuten kochen lassen. Danach fein mixen und durch ein Spitzsieb passieren.

Kürbis ist eingemacht unerhört vielseitig und kommt mit verschiedenen Beigaben immer wieder etwas anders heraus. Nelken oder Zimt geben Wärme, Senfkörner, Dill oder Estragon bringen frisch-würzige Noten ein.

HERBSTLICHE KÜRBISKUGELN

½ Kürbis
1 EL Olivenöl
½ l Wasser
⅛ l Essig
150 g Zucker
1 Ingwer, in grobe Scheiben geschnitten
3 Zweige Zitronenthymian, fein geschnitten
Piment d'Espelette

20 Trauben
8 Walnüsse
1 TL Butter
2 TL Walnussöl
Kürbiskerne, grob zerkleinert
Kürbiskernöl
Piment d'Espelette
schwarzer Pfeffer, zerstoßen

Den Kürbis schälen und mit einem Pariser Messer Kugeln ausstechen. (Der Kürbis kann alternativ auch in kleine Würfel geschnitten werden.) Die Kürbiskugeln in Olivenöl andünsten. Die restlichen Zutaten hinzufügen und so lange köcheln lassen, bis der Kürbis gar ist. Zusammen mit dem Fond in ein Einmachglas füllen und kalt stellen. Im Kühlschrank sind die Kugeln so mindestens 3 Monate haltbar.

Man sollte die Kürbiskugeln mindesten 1–2 Tage zuvor vorbereiten, damit sie schön durchziehen. Kurz vor dem Anrichten die Kugeln mit den Trauben und Walnüssen in Butter, Walnussöl und etwas Kürbisfond erhitzen, dann auf die Teller geben. Die Kürbiskerne darüberstreuen und mit Kürbiskernöl, Piment d'Espelette und schwarzem Pfeffer verfeinern.

TIPP.
Genial dazu: ein Nüsslisalat aus den Reben, angemacht mit Walnussöl und Weißweinessig.

Kürbiskerne sind als kleine Knabberei zum Aperitif sehr fein; sie lassen sich ganz einfach mit etwas Olivenöl und Salz im Backofen oder mit etwas Butter in der Pfanne rösten.

KÜRBISSUPPE

KÜRBISSUPPE
1 Schalotte
3 EL Olivenöl
500 g Muskatkürbis
1 l Gemüsebrühe
20 g Butter
2 EL Schlagsahne
Salz, Pfeffer, Piment d'Espelette

Kürbiskernöl zum Verfeinern
Kürbiskerne zum Garnieren

KÜRBISSPIESS
Kürbiskugeln (siehe Rezept Seite 154)
8 Champignons
1 EL Olivenöl
Salz, Pfeffer

Für die Kürbissuppe die Schalotte schälen, fein schneiden und in Olivenöl anschwitzen. Den Muskatkürbis schälen, entkernen und in Würfel schneiden. Die Kürbiswürfel zu den Schalotten geben, mit Salz und Pfeffer würzen und mit der Gemüsebrühe auffüllen. So lange köcheln lassen, bis die Kürbiswürfel gar und weich sind. Anschließend mixen, passieren und kurz vor dem Anrichten noch einmal aufkochen. Mit einem Stabmixer die Butter und die Schlagsahne untermixen und aufschäumen. Eventuell noch einmal salzen und mit viel Piment d'Espelette würzen.

Die Kürbiskugeln kurz erhitzen. Die Champignons halbieren und in Olivenöl garen. Mit Salz und Pfeffer würzen. Die Kürbiskugeln und die Champignonhälften auf Spieße stecken und zur Kürbissuppe servieren.

TIPP.
Wer dem Ganzen etwas mehr Pep geben möchte, kann direkt beim Anschwitzen des Kürbisses etwas Ingwer ohne Schale dazugeben.

Muskatkürbis ist für mich der Beste von allen – einfach toll und einzigartig in seiner Farbe, im Geschmack und in seiner dichten Faser.

PIKANTE MARINIERTE SCHEIBEN VOM KÜRBIS UND SCHWARZEN NÜSSEN

½ Kürbis
12 schwarze Nüsse

FOND
1 EL Olivenöl
1 EL Zucker
1 EL Weißweinessig
¼ l Wasser
1 unbehandelte Zitrone, Abrieb
evtl. ⅛ l Fond von den schwarzen Nüssen
Ingwer nach Belieben
Piment d'Espelette

WALNUSSÖL
2 Thymianzweige, fein geschnitten
Piment d'Espelette
schwarzer Pfeffer
1 unbehandelte Orange, Abrieb

Den Kürbis schälen, entkernen, in feine Scheiben schneiden und kleine Kreise ausstechen. Die schwarzen Nüsse ebenfalls in feine Scheiben schneiden.

Für den Fond alle Zutaten zusammen aufkochen. Die Kürbisscheiben darin garen (Vorsicht: nicht verkochen – sie sollen im Fond nachziehen).
Nun die Kürbis- mit den Nussscheiben im Wechsel auf die Teller legen. Kurz vor dem Servieren mit Walnussöl, Thymian, Piment d'Espelette, Pfeffer und dem Orangenabrieb verfeinern bzw. marinieren.

TIPP.
Den übrig gebliebenen Kürbis kann man sehr lange im Kühlschrank aufbewahren oder auch in kleinen Portionsbeuteln im Gefrierschrank. So kann man später Kürbissuppen oder -saucen kochen.

Die Anregung für dieses Rezept stammt von meiner Schwiegermama; sie macht diese Reibekuchen allerdings ganz klassisch – rein aus Kartoffeln – und das so gnadenlos gut, dass die Augen meist größer sind als der Magen...

HEDWIGS REIBEKUCHEN MIT KÜRBIS

REIBEKUCHEN
3 Kartoffeln, gerieben
Muskatkürbis, gerieben – die Menge sollte den geriebenen Kartoffeln entsprechen
1 Ei
1 TL Mehl
Salz, Pfeffer
Pflanzenöl zum Braten

KÜRBISSAUCE
500 g Muskatkürbis
1 Schalotte
60 g frischer Ingwer
3 EL Limonen-Olivenöl
⅛ l Gemüsebrühe
1 Zitrone, Saft
3 Thymianzweige
½ TL Mondamin, etwas angerührt in Kürbissaft
Salz, Piment d'Espelette

KÜRBISSALAT
200 g Muskatkürbis
1 EL Olivenöl
2 EL Kürbis-Ingwer-Essig (oder Saft von ½ Zitrone)
Salz, Piment d'Espelette

Kürbiskerne, grob gehackt (nach Belieben)
Kürbiskernöl zum Verfeinern

Für die Reibekuchen die Kartoffeln schälen und reiben. Den Kürbis schälen, das Kerngehäuse entfernen und das Kürbisfleisch ebenfalls reiben. Alle Zutaten miteinander vermengen. Kurz vor dem Servieren die Reibekuchen in Pflanzenöl ausbacken.

Für die Kürbissauce den Kürbis schälen, das Kerngehäuse entfernen und das Kürbisfleisch in den Entsafter geben – ergibt ca. ⅛ l Kürbissaft. Die Schalotte schälen und würfeln. Den Ingwer in grobe Würfel schneiden. Die Schalotten- und Ingwerwürfel in Limonen-Olivenöl andünsten, die Gemüsebrühe hinzugeben und etwa auf die Hälfte einkochen. Den Kürbissaft, Zitronensaft und Thymian hinzugeben und ein paar Minuten köcheln lassen. Vom Herd nehmen und ca. 20 Minuten ziehen lassen. Anschließend passieren und noch einmal aufkochen. Mit dem Mondamin die Sauce abbinden. Ein paar Minuten weiter köcheln lassen und mit Salz und Piment d'Espelette abschmecken.

Für den Kürbissalat den Kürbis schälen, das Kerngehäuse entfernen und das Kürbisfleisch in feine Scheiben oder Streifen schneiden. Kurz vor dem Servieren die Kürbisscheiben mit allen Zutaten vermengen und abschmecken.

Die Sauce auf die Teller geben, die Reibekuchen und den Salat dazulegen. Mit den Kürbiskernen garnieren und eventuell mit Kürbiskernöl verfeinern.

TIPP.
Feldsalat passt ebenfalls wunderbar – einfach auf dieselbe Art wie den Kürbissalat anmachen.

Die altbekannte orangerote Mohrrübe ist für mich Inbegriff einer urgesunden köstlichen Knabberei; knackig, saftig und süß. Vor allem die Kleinen sind ja bei mancherlei Gemüse ein wenig heikel und wählerisch, aber mit Karotten kannst du sie einfangen. Als unsere Tochter Justine noch in diesem Alter war, ist sie in den Waldkindergarten gegangen und wir waren angehalten, die Frühstücksbox vor allem mit frischen Leckereien zu füllen. Ich habe ihr fast täglich Karotten geschnibbelt, in allen erdenklichen Formen: Sticks, Rondelles und Würfelchen, ja und manchmal sogar Sterne, Blumen und Herzen. Diese kleinen Überraschungen, das war so ein schönes Spiel für uns beide. Sie hat das geliebt und es ist ihr bis heute geblieben. Ich bin überzeugt, dass der Gaumen ein Gedächtnis hat und es deshalb so wichtig ist, ihn ganz bewusst früh zu schulen. Es zählt für mich mit zu den wertvollsten Dingen, die wir unseren Kindern geben können: die natürliche Lust auf Gesundes. Mit etwas Phantasie und Abwechslung erreichst du sie zuweilen durch die Hintertür, die Neugier überwindet die Ablehnung…

Basilikumkresse ist sehr aromatisch und schafft ein spannendes Gegengewicht zu süßen Sachen wie beispielsweise einem Orangendessert, Eis oder fruchtigen Küchlein.

GEGRILLTES WURZELGEMÜSE MIT ORANGENMARINADE UND BASILIKUMKRESSE

WURZELGEMÜSE
2 gelbe Karotten, geschält und in grobe Stücke geschnitten (in Form von kleinen Bischofsmützen)
2 rote Karotten, geschält und in etwas dickere Scheiben geschnitten
2 Petersilienwurzeln, geschält und halbiert
1 Butterrübe, geschält und in kleine Halbmonde tourniert
1 Navette, geschält und in kleine Halbmonde tourniert
2 Kerbelwurzeln, geschält und halbiert
2 Topinambur, geschält und geviertelt
2 Schwarzwurzeln
8 Eiszapfen
2 EL Olivenöl
1 TL Butter
⅛ l Gemüsebrühe
Pflanzenöl zum Frittieren
Salz, Pfeffer, Zucker

ORANGENMARINADE
4 EL Olivenöl
1 EL Orangen- oder Limonen-Olivenöl
3 EL Orangensaft, frisch gepresst
1 EL Zitronensaft
1 EL Apfelessig
Salz, Pfeffer, Zucker

Basilikumkresse
Piment d'Espelette
1 unbehandelte Orange, Abrieb

Alle Gemüsesorten – bis auf die Schwarzwurzeln und Eiszapfen – in Olivenöl und Butter anschwitzen und mit Salz, Pfeffer und 1 Prise Zucker würzen. Die Gemüsebrühe hinzugeben und bei geschlossenem Deckel langsam gar köcheln bzw. schmoren (je nach Gemüseform 10–15 Minuten). Eventuell nach und nach mit etwas Gemüsebrühe aufgießen. Das Gemüse sollte nicht in der Brühe kochend schwimmen, sondern langsam mit wenig Flüssigkeit schmoren.

Die Schwarzwurzeln waschen, bürsten und mit einem Sparschäler dünne Längsstreifen abziehen und im heißen Pflanzenöl (auf 160 Grad erhitzt) frittieren. Die Schale am besten nicht entfernen, sie sorgt hier für ein schönes Farbenspiel.

Die Eiszapfen schälen, blanchieren und in Eiswasser abschrecken.

Für die Orangenmarinade alle Zutaten gut vermengen.

Vor dem Servieren alle Gemüsesorten kurz in einer Pfanne goldgelb anbraten und auf Tellern anrichten. Die Orangenmarinade darübergeben, mit den Schwarzwurzelchips und der Basilikumkresse garnieren und mit Piment d'Espelette und Orangenabrieb verfeinern.

TIPP.
Auch Feldsalat mit seinem nussigen Geschmack passt hier wunderbar.
Das Gemüse kann schon am Morgen vorbereitet und abends, kurz vor dem Anrichten, angebraten werden.

Grundsätzlich sind eigentlich alle Wurzelgemüse für knusprige Frites gut geeignet; einfach hauchdünne Scheibchen mit einem Schäler abziehen und ausbacken. Das Schöne an den violetten Karotten ist, das sie ihre satte Farbe behalten.

KAROTTENDREIERLEI

KAROTTENSUPPE
12 große Karotten
1 Schalotte
2 Stangen Zitronengas
50 g Ingwer
16 Korianderzweige, Stile, die Blätter für den Karottensalat beiseitestellen
3 EL Olivenöl
¼ l Gemüsebrühe
1 TL Butter
Salz, Piment d'Espelette

KAROTTENPERLEN ALS EINLAGE
2 große Karotten
1 EL Olivenöl
⅛ l Gemüsebrühe
Salz, Pfeffer

KAROTTENSALAT
4 große Karotten
1 Zitrone, Saft
2 unbehandelte Orangen, Saft und Abrieb
2 EL Limonen-Olivenöl
Korianderblätter von 8 Zweigen, fein geschnitten

KAROTTENFRITE
2 große violette Karotten
¼ l Pflanzenöl
Salz

Für die Karottensuppe die Karotten schälen und durch einen Entsafter geben (ergibt ca. ¼ l Karottensaft). Die Schalotte schälen und in Würfel schneiden, das Zitronengras klopfen und grob schneiden, den Ingwer in grobe Stücke schneiden, die Korianderstile grob zerkleinern. Die Schalottenwürfel, das Zitronengras, die Ingwerstücke und Korianderstiele in 1 EL Olivenöl andünsten. Die Gemüsebrühe hinzugeben und etwa auf die Hälfte einkochen. Dann den Karottensaft beifügen, 2–3 Minuten köcheln lassen, passieren, in den Topf zurückgeben und mit dem restlichen Olivenöl, der Butter, Salz und Piment d'Espelette binden und verfeinern.

Für die Perlen die Karotten schälen und mit einem Perlenausstecher kleine Kugeln herauslösen. Diese in Olivenöl anschwitzen und mit Salz und Pfeffer würzen. Mit der Gemüsebrühe auffüllen und bei geschlossenem Deckel langsam garen.

Für den Karottensalat die Karotten schälen, raspeln und mit den restlichen Zutaten vermengen und abschmecken.

Für die Karottenfrites die Karotten schälen – erst die Schale entfernen und dann einfach weiterschälen, so erhält man schöne lange Späne. Die Karottenspäne in heißem Pflanzenöl (auf 140 Grad erhitzt) frittieren. Auf Krepp-Papier trocken tupfen und etwas salzen.

TIPP.
Als Variation eignen sich wunderbar in Olivenöl und Butter sautierte Pfifferlinge und ein paar Blätter Koriander als Zugabe.

MARINIERTE KLEINE FRÜHLINGSGEMÜSE

ZITRONENSAUCE
1 Schalotte
2 Stangen Zitronengras
3–4 Safranfäden
3 EL Limonen-Olivenöl
½ l Gemüsebrühe
3 unbehandelte Zitronen, Saft und Abrieb
6 Zweige Zitronenthymian
50 g kalte Butter
Salz, Piment d'Espelette

VINAIGRETTE
1 EL Weißwein
2 EL Olivenöl
1 TL Senf
1 EL Gemüsebrühe
Salz, Pfeffer

Salat – je nach Belieben und Saison

4 Karotten
4 EL Olivenöl
1 Zucchini
evtl. etwas Zitronenthymian
4 Champignons
4 TL Tapenade
4 ligurische Oliven
6 Radieschen
½ Bund Schnittlauch
Salz, Pfeffer

Für die Zitronensauce die Schalotte schälen und in Würfel schneiden, das Zitronengras klopfen und grob schneiden. Die Schalottenwürfel, das Zitronengras und die Safranfäden in 2 EL Limonen-Olivenöl andünsten. Die Gemüsebrühe und den Zitronenabrieb dazugeben und etwa um die Hälfte einkochen. Anschließend die Thymianzweige 1–2 Minuten mitköcheln lassen. Alles durch ein Sieb passieren und zurück in den Topf geben. Den Zitronensaft, die Butter und das restliche Limonen-Olivenöl beifügen, mit Salz und Piment d'Espelette abschmecken. Kurz vor dem Anrichten mit einem Schneebesen gut durchrühren.

Für die Vinaigrette alle Zutaten miteinander verrühren.

Den Salat putzen, waschen und trocken schleudern und erst kurz vor dem Servieren mit der Vinaigrette anmachen.

Die Karotten schälen und in Olivenöl garen.
Drei Viertel der Zucchini in vier gleich große Stücke schneiden und mit einem Kugelausstecher etwas aushöhlen. Für die Füllung die restliche Zucchini in Würfel schneiden und in Olivenöl garen. Mit Salz und Pfeffer würzen, eventuell etwas Zitronenthymian fein schneiden und untermischen. Die Zucchiniwürfel in die ausgehöhlten Stücke geben.
Die Champignons in Olivenöl braten, bis sie gar sind. Mit Salz und Pfeffer würzen. Mit der Tapenade füllen und mit einer ligurischen Olive garnieren.
Vier Radieschen etwas aushöhlen. Die restlichen Radieschen und Stückchen in kleine Würfel schneiden. Mit etwas Vinaigrette und Schnittlauch anmachen und die ausgehöhlten Radieschen damit füllen.

Alles hübsch auf Tellern anrichten und mit der Zitronensauce nappieren. Angemachte Salatblätter obenauf geben, und wer möchte, kann etwas Parmesan darüberhobeln.

Bunter Pfeffer spielt nicht nur optisch, sondern auch geschmacklich fein nuancierte Reize aus. Ob weiß, schwarz, grün oder rot – frisch aus der Gewürzmühle ist er natürlich am besten.

CARPACCIO VOM MINIGEMÜSE

Minigemüse nach Belieben
Olivenöl zum Garen
Limonen-Olivenöl (oder ein anderes hochwertiges Öl, wie z.B. Walnuss- oder Rapsöl)
Sel de Guérande
schwarzer Pfeffer aus der Mühle
evtl. 1 Strauß Kräuter

Die verschiedenen Sorten Minigemüse nacheinander in Olivenöl garen und zum Abkühlen beiseitestellen. Radieschen und Rote Bete bilden hier die Ausnahme: Die Radieschen bleiben roh, und die Rote Bete wird mit der Schale in Salzwasser gekocht, bis sie gar ist, und erst nach dem Kochen geschält – so behält sie ihre charakteristische rote Farbe.
Das Gemüse anschließend in feine Scheiben schneiden oder hobeln (ein Trüffelhobel eignet sich für solche Zwecke ausgezeichnet).
Etwas Limonen-Olivenöl, Sel de Guérande, Pfeffer und eventuell fein geschnittene Kräuter auf den Tellern verteilen. Die Gemüsescheiben im Wechsel auf den Tellern drapieren und kurz vor dem Anrichten mit Limonen-Olivenöl, Sel de Guérande und Pfeffer marinieren.

TIPP.

Wer es etwas säuerlich mag, kann die Kombination Walnuss- und Himbeeressig probieren – ein Hochgenuss!
Bei diesem Gericht kann man der Fantasie freien Lauf lassen und viele Marinaden und Öle mit verschiedenen Nüssen und Kernen ausprobieren.

Kataifi-Teig ist ein hauchdünner Fadenteig, der für Süßes und Pikantes gleichermaßen geeignet ist. Er wird ganz fein auseinandergezupft und ist in der türkischen und griechischen Küche weit verbreitet.

GEMÜSECROUSTILLONS MIT KRÄUTERDIPP

GEMÜSECROUSTILLONS
½ Stange Lauch
2 Karotten
¼ Sellerieknolle
1 kleiner Fenchel
2 Schalotten
½ Knoblauchzehe
20 g Butter
2 Eigelb
½ TL Curry
1 TL Kardamom, gemahlen
1 Korianderzweig, gehackt
100 g Weißbrotbrösel (Mie de Pain)
1 unbehandelte Limone, Abrieb
30 g Parmesan, gerieben
100 g Kataifi-Teig
1 Ei
Salz, Pfeffer
Pflanzenöl zum Frittieren

KRÄUTERDIPP
200 g Sauerrahm
20 g Blattpetersilie
1 Bund Schnittlauch
1 Bund Kerbel
1 Bund Basilikum
½ Zitrone, Saft
Salz, Pfeffer

Für die Gemüsecroustillons Lauch, Karotten, Sellerie, Fenchel, Schalotten und Knoblauch ganz fein schneiden, in Butter anschwitzen und mit Salz und Pfeffer würzen. Anschließend auf ein Blech legen und abkühlen lassen. Die Gemüsescheiben durch einen Fleischwolf drehen und Eigelbe, Curry, Kardamom, Koriander, Weißbrotbrösel, Limonenabrieb und Parmesan beigeben und zu einer Masse vermengen.
Den Kataifi-Teig in kleine Stücke reißen und das Ei verquirlen. Von der Gemüsecroustillonmasse ca. 20 g schwere Bällchen formen, diese in dem Ei, anschließend in den Kataifi-Teig-Stücken wenden. Bei 160 Grad in Pflanzenöl goldgelb ausbacken.

Für den Kräuterdipp alle Zutaten in einen Mixer geben und fein mixen. Anschließend passieren und mit Salz, Pfeffer und Zitronensaft abschmecken.

Eine altbekannte schwäbische Spezialität, die in dieser Rezeptur beweist, dass sie auch mit einer puren Gemüsefüllung nichts an Klasse verliert.

GAISBURGER MARSCH

NUDELTEIG
(siehe Rezept Seite 98)

FÜLLUNG
¼ Stange Lauch
1 Karotte
2 Stangen Staudensellerie
2 Champignons
10 g Butter
1 Eigelb
30 g Weißbrotbrösel
1 Bund Kerbel, gehackt
Salz, Pfeffer

GEMÜSEBRÜHE
½ Stange Lauch
1 Karotte
¼ Sellerieknolle
1 Champignon
½ Zwiebel
1 Knoblauchzehe
1 Lorbeerblatt
1 Liebstöckelzweig
1 EL Öl
Salz, Pfeffer, Muskat

GRIESSNOCKEN
60 g Butter
120 g Grieß
2 Eier
Salz, Pfeffer, Muskat

GEMÜSEPERLEN
1 Karotte
1 Kohlrabi
¼ Sellerieknolle
1 Zucchini

POCHIERTE WACHTELEIER
8 Wachteleier
1 EL Essig

Für die Füllung der Tortellini Lauch, Karotte, Staudensellerie und Champignons in feine Scheiben schneiden und in Butter andünsten. Das Gemüse auf ein Blech geben und auskühlen lassen. Anschließend gut ausdrücken und durch die feine Scheibe des Fleischwolfes drehen. Danach Eigelb und Weißbrotbrösel untermischen. Mit Kerbel, Salz und Pfeffer abschmecken.
Den vorbereiteten Nudelteil hauchdünn ausrollen und Kreise (6 cm Ø) ausstechen. ½ TL der Gemüsemasse in die Mitte geben und die Kreise zusammenklappen. Die Enden andrücken und die Spitzen zusammendrücken, so dass eine Tortelliniform entsteht. Die Tortellini 3 Minuten in kochendem Salzwasser garen.

Für die Brühe alle Gemüse schälen, in grobe Stücke schneiden und mit den Kräutern in Öl glasig andünsten. Mit Wasser bedecken und ca. 1 Stunde langsam köcheln lassen. Danach durch ein Tuch passieren und mit Salz, Pfeffer und Muskat abschmecken.

Für die Grießnocken die Butter schaumig rühren. Den Grieß und die verquirlten Eier nach und nach beigeben und mit Salz, Pfeffer und Muskat abschmecken. Vom Herd nehmen, mit Klarsichtfolie abdecken und 30 Minuten quellen lassen. Danach mit einem kleinen Löffel Nocken abstechen, auf ein Blech geben und ca. 1 Stunde in den Gefrierschrank stellen. 20–30 Minuten in siedendes Salzwasser geben und danach 1 Stunde zugedeckt ziehen lassen.

Für die Gemüseperlen mithilfe eines Perlenausstechers aus den Gemüsen kleine Kugeln lösen, in Salzwasser „knackig“ abkochen und in Eiswasser abschrecken.

Für die pochierten Wachteleier die Eier öffnen und in eine kleine Schüssel geben. Wasser mit Essig aufkochen. Das Wasser in Rotierung versetzen und die Eier eingießen. 2 Minuten ziehen lassen und in Eiswasser abschrecken.

Topinambur ist auch als Rosskartoffel bekannt und schmeckt leicht süßlich und nussig. Ich verwende sie auch sehr gerne zu hauchdünnen Spänen geraspelt für Salate.

TOPINAMBURSUPPE MIT ZIMTBLÜTE

TOPINAMBURCHIPS
2 Topinamburen
¼ l Pflanzenöl
1 Prise Salz

TOPINAMBURSUPPE
12 Topinamburen
1 Schalotte
2 EL Olivenöl
1 l Gemüsebrühe
50 g Butter
1 EL Schlagsahne
3 Zimtblüten, im Mörser zerkleinert
Salz, Pfeffer aus der Mühle

Für die Chips die Topinamburen waschen (nicht schälen), mit einem Gemüsehobel feine Scheiben abziehen und in Pflanzenöl bei 140 Grad goldgelb frittieren. Auf ein Küchenpapier legen und etwas salzen.

Für die Topinambursuppe die Topinamburen schälen und in grobe Würfel schneiden. Die Schalotte schälen, fein schneiden und in Olivenöl glasig dünsten. Die Topinamburwürfel dazugeben, mit anschwitzen und mit Salz und Pfeffer würzen. Mit der Gemüsebrühe auffüllen und so lange köcheln lassen, bis die Topinamburwürfel weich gegart sind. Anschließend mit einem Pürierstab gut durchmixen und durch ein Spitzsieb passieren. Kurz vor dem Servieren noch einmal aufkochen, mit der Butter und Schlagsahne verfeinern und mit einem Pürierstab aufschäumen. Eventuell noch einmal nachwürzen.

Die Suppe in tiefe Teller geben, etwas Zimtblütenpulver darüberstreuen, mit den Chips garnieren und servieren.

TIPP.
Die Chips, präsentiert in einer schönen Schale, sind eine wunderbare Beigabe zum Aperitif.
Die edlere Version im Winter: Frischen Trüffel über die Suppe hobeln. Topinambur und schwarzer Trüffel harmonieren sehr gut zusammen, beides schmeckt leicht erdig.

ROHKOSTSALATE

KAROTTENSALAT
2 Karotten
2–3 EL Limonen-Olivenöl
1 Orange, Saft
Salz, Pfeffer, Zucker

GURKENSALAT
1 Gurke
1 EL Essig
2 EL Olivenöl oder Traubenkernöl
Dill, fein geschnitten
Salz, Pfeffer

SELLERIE-APFEL-SALAT
⅛ Knollensellerie
1 Apfel
½ EL Sauerrahm
½ Zitrone, Saft
Salz, Pfeffer

ROTE-BETE-SALAT
1 Rote Bete
1 EL Weißweinessig
1–2 EL Traubenkernöl
1–2 TL Meerrettich
Salz, Pfeffer

Für den Karottensalat die Karotten schälen und in feine Streifen schneiden oder mit einem Gemüsehobel in feine Scheiben hobeln. Alle Zutaten miteinander vermengen.

Für den Gurkensalat die Gurke schälen, entkernen und in die gewünschte Form schneiden oder zu Perlen ausstechen. Leicht salzen, 15 Minuten abtropfen lassen, waschen und erneut 15 Minuten abtropfen lassen. Mit den restlichen Zutaten vermengen.

Für den Sellerie-Apfel-Salat Sellerie schälen und in feine Streifen schneiden. Den Apfel schälen, entkernen und ebenfalls in feine Streifen schneiden. Alle Zutaten miteinander vermengen. Eine oder mehrere Scheiben von einer schwarzen Nuss verleihen dem Ganzen noch mehr Pep.

Für den Rote-Bete-Salat die Rote Bete in der Schale in Salzwasser gar kochen, schälen und in feine Streifen oder Würfel schneiden. Alle Zutaten miteinander vermengen.

Panis ist eine wirklich schöne Alternative zu Polenta – etwas schwerer, aber mindestens ebenso lecker. Es macht sich auch gut als Vorspeise mit verschiedenen Dipps serviert.

GEBRATENE SCHWARZWURZEL MIT PANIS UND PETERSILIENÖL

PANIS
1 Knoblauchzehe
1 Thymianzweig
1 Rosmarinzweig
400 ml Gemüsebrühe
100 g Kichererbsenmehl
30 g braune Butter
50 g Parmesan, gerieben
20 ml Olivenöl
Salz, Pfeffer

SCHWARZWURZEL
4 Stangen Schwarzwurzeln
2 EL Milch
1 EL Butterschmalz
Salz

PETERSILIENÖL
1 Bund Blattpetersilie
40 ml Traubenkernöl
¼ Knoblauchzehe
Salz, Pfeffer

1 Zweig Blattpetersilie und 40 g gehobelte Parmesanspäne zum Garnieren

Für das Panis die Knoblauchzehe zerdrücken, zusammen mit dem Thymian- und Rosmarinzweig und der Gemüsebrühe in einen Topf geben, aufkochen und 10 Minuten ziehen lassen. Danach abpassieren. Das Kichererbsenmehl in einen Topf geben und nach und nach die aromatisierte Gemüsebrühe einrühren. Die braune Butter, den Parmesan und 10 ml Olivenöl beigeben und etwa 5 Minuten anbräunen, bis sich die Masse vom Boden löst. Mit Salz und Pfeffer abschmecken. Ein tiefes Blech mit Klarsichtfolie auslegen, die Masse eingießen und glatt streichen. Das Ganze ca. 30 Minuten kalt stellen. Danach die Masse auf ein Brett stürzen und in 1 cm breite und 10 cm lange Stäbchen schneiden. In einer Teflonpfanne die Stäbchen von beiden Seiten in dem restlichen Olivenöl goldgelb braten.

Die Schwarzwurzeln schälen und in Rauten schneiden. Die Milch in Salzwasser geben und die Schwarzwurzelstücke darin weich kochen. In Eiswasser abschrecken und auf Krepp-Papier trocken tupfen. Danach in einer Pfanne mit Butterschmalz braten und eventuell salzen.

Für das Petersilienöl die Blattpetersilie von den Stielen befreien und in einen Mixer geben. Traubenkernöl, Knoblauch, Salz und Pfeffer dazugeben, sehr fein mixen und kalt stellen.

Sellerie und Apfel heben sich gegenseitig und geben fein geraspelt und gut durchmischt einen wunderbar herzhaften und saftigen Herbstsalat. Das Öl entscheidet, ob dabei Erde oder Säure betont wird.

SELLERIE UND APFEL MIT PERIGORD-TRÜFFEL

SELLERIEPÜREE
½ Sellerieknolle
200 ml Sahne
30 g braune Butter
Salz, Pfeffer

SELLERIESCHAUM
¼ Sellerieknolle
2 Schalotten
20 g Butter
125 ml Weißwein
250 ml Gemüsebrühe
100 ml Selleriesahne vom Püree
Salz, Pfeffer

GARNIERTE STAUDENSELLERIE
1 Stk. Staudensellerie
20 g Butter
50 ml Gemüsebrühe
Salz, Pfeffer

APFELPERLEN
2 Äpfel der Sorte Granny Smith
etwas Zitronensaft
1 Prise Zucker

40 g frischer Perigord-Trüffel zum Garnieren

Für das Selleriepüree die Sellerie schälen und in walnussgroße Würfel schneiden. Mit der Sahne angießen, 1 Prise Salz beigeben und bei geschlossenem Deckel ca. 30 Minuten köcheln lassen. Die Sahne abgießen (und für den Sellerieschaum beiseitestellen), die braune Butter zugeben und mit Salz und Pfeffer abschmecken. In einem Mixer zu einem sehr feinen Püree mixen. Eventuell etwas von der Selleriesahne beigeben.

Für den Sellerieschaum die Sellerie schälen und in walnussgroße Würfel schneiden. Die Schalotten schälen, fein schneiden und in der Butter glasig dünsten. Mit Weißwein ablöschen und leicht, etwa auf die Hälfte, einkochen. Selleriewürfel und Gemüsebrühe beigeben und ca. 30 Minuten köcheln lassen. Danach die Selleriesahne hinzufügen, mit dem Stabmixer fein pürieren und durch ein Spitzsieb passieren. Mit Salz und Pfeffer abschmecken.

Die Enden der Staudensellerie oben und unten abschneiden und die Fäden ziehen. Danach leicht schälen und in grobe Würfel schneiden. Die Würfel in Butter anschwitzen, mit Salz und Pfeffer abschmecken und mit der Gemüsebrühe auffüllen. Etwa 30 Minuten dünsten.

Für die Apfelperlen die Äpfel waschen und mit einem Perlenausstecher kleine Kugeln herauslösen. Mit Zitronensaft beträufeln und mit Zucker bestreuen.

Den Perigord-Trüffel mit einer Reibe hobeln und über das Gericht geben.

PIKANTE GEMÜSEWÜRFEL UNTERM SELLERIEBLATT UND KRÄUTERSALAT

PIKANTE GEMÜSEWÜRFEL
1 große Karotte
3 Stangen Staudensellerie
1 Fenchel
1 EL Olivenöl
⅛ l Gemüsebrühe oder Wasser
1 unbehandelte Zitrone, Abrieb
Salz, Pfeffer

SELLERIEBLATT
¼ Knollensellerie
etwas Limonen-Olivenöl
etwas Zitronensaft

MAYONNAISE
1 TL Essig
1 Eigelb
½ TL scharfer Senf
3 EL Traubenkernöl
Salz, Pfeffer, Piment d'Espelette

KRÄUTERSALAT
viele verschiedene Kräuter aus dem Garten oder von der Wiese
etwas Olivenöl
etwas Zitronensaft
Salz, Pfeffer

1 Bund Schnittlauch

Für die pikanten Gemüsewürfel die Karotte und die Staudensellerie (die gelben Blätter zum Auszieren beiseitelegen) schälen und in gleichmäßige Würfel schneiden. Den Fenchel ebenfalls würfeln. Die Gemüsewürfel in Olivenöl anschwitzen und mit Salz und Pfeffer würzen. Die Gemüsebrühe bzw. das Wasser hinzugeben und langsam bei geschlossenem Deckel garziehen. Danach das Gemüse beiseitestellen, abkühlen lassen und den Zitronenabrieb dazugeben.

Die Knollensellerie in acht hauchdünne Scheiben schneiden (am besten mit einem Gemüsehobel oder einer Aufschnittmaschine) und in Salzwasser blanchieren. Kurz vor dem Anrichten mit etwas Limonen-Olivenöl und Zitronensaft anmachen.

Für die Mayonnaise Essig, Eigelb, Senf, Salz, Pfeffer und Piment d'Espelette mit einem Schneebesen verrühren und langsam das Traubenkernöl unterziehen.

Für den Kräutersalat die Kräuter klein zupfen und kurz vor dem Anrichten mit etwas Olivenöl, Zitronensaft, Salz und Pfeffer anmachen.

Nun die Gemüsewürfel mit der Mayonnaise vermengen, den Schnittlauch und die gelben Sellerieblätter fein schneiden und hinzugeben. Das Gemüse auf Tellern zu Häufchen schichten, die angemachten Selleriescheiben darüberlegen und den Kräutersalat beifügen.

TIPP.
Die Mayonnaise kann je nach eigenem Geschmack auch mit Currypulver oder Paprika verfeinert werden.

Mit getrockneten Totentrompeten – im Mörser fein pulverisiert – lassen sich Krusten für Gemüseaufläufe köstlich veredeln und dunkel einfärben: Nicht erschrecken – sie werden ganz schwarz.

SELLERIE UND TOTENTROMPETE

10 g getrocknete Totentrompeten
4 junge Sellerieknollen mit Blättern (ca. 8 cm dick)
1 Ei
20 g Butter
Salz, Pfeffer
4 Vakuumtüten
4 Schaschlikspieße

GRÜNER SELLERIESCHAUM
Blätter von 4 Sellerieknollen
2 Schalotten
30 g Butter
¼ l Weißwein
¼ l Gemüsebrühe
½ Sellerieknolle
Salz, Pfeffer

Die Totentrompeten in kaltem Wasser einweichen, danach waschen und trocken legen. Die jungen Sellerieknollen schälen, waschen und in 2 cm breite Scheiben schneiden. Die Blätter für den grünen Sellerieschaum beiseitelegen. Das Ei verquirlen und die Totentrompeten hindurchziehen. Die Sellerie im Wechsel mit den Totentrompeten wieder zusammensetzen. Die Butter in einem Topf bräunen und in vier Vakuumbeutel geben. Die Schaschlikspieße durch die Sellerie-Pilz-Knollen stecken und anschließend im Vakuumbeutel mit etwas Salz und Pfeffer vakuumieren. Danach im Wasserbad bei 70 Grad ca. 2–3 Stunden garen.

Für den Sellerieschaum die grünen Sellerieblätter in Salzwasser ca. 5 Minuten garen, in Eiswasser abschrecken und ausdrücken. Danach zu einem Püree mixen. Die Schalotten schälen, würfeln und in Butter glasig anziehen, mit Weißwein ablöschen und mit Gemüsebrühe auffüllen. Die Sellerieknolle in Würfel schneiden und beigeben. 30 Minuten kochen lassen. Mit dem Pürierstab mixen und mit Salz und Pfeffer abschmecken.

Der typische Anisgeruch von Fenchel zeichnet mir unversehens ein Urlaubsszenario: Familientreffen in der Provence, Pastis und Pétanque. Eine Vorstellung, die mich sofort entspannt. Das hochkonzentrierte Spiel im Schatten der Bäume, diese einnehmende Atmosphäre beseelter Ruhe und Gelassenheit, ja ich möchte fast sagen, Selbstvergessenheit, die nur ab und an durch das Aneinanderklacken der schweren Kugeln, ein Lachen oder einen kurzen Ausruf gebrochen wird. Gänzlich unaufgeregt und bar jeder Hektik. Gesprochen wird nicht viel, es geht um etwas anderes. Und du sitzt in der Abendsonne an kleinen Holztischchen vor der Dorfbar und schaust gebannt zu, vor dir die Karaffe mit Wasser und dieser feine Anisschnaps, der nirgends so wunderbar schmeckt wie hier. Ich zumindest empfinde das so; zuhause verwende ich Pernod oder Ricard eigentlich ausschließlich zum Kochen. Womit wir wieder beim Fenchel wären: Mit einem satten Schuss dieser hochprozentigen Franzosen abgelöscht, prägt er eine intensive gelbe Farbe und einen ganz feinen, süßlich-herben Geschmack aus. Alles hat seine Zeit und seine Berechtigung – und so schließt sich der Kreis…

Wer den Anisgeschmack von Fenchel nicht unbedingt mag, sollte ihn einmal mit Zucker und Honig oder mit provenzalischen Kräutern probieren. Je nach Zubereitung kann der Geschmack eine ganz andere Richtung einnehmen und zwischen süßlich-fruchtige und süßlich-herb variieren.

FENCHELTERRINE

5 Fenchel mit Grün
5 EL Olivenöl
100 ml Pernod
200 ml Gemüsebrühe
1 Msp. Ascorbinsäure
10 Blatt Gelatine bzw. als Ersatz Agar-Agar
5 Tomaten der Sorte Cœur de bœuf
Salz, Pfeffer
2 EL Limonen-Olivenöl

Die äußeren Blätter des Fenchels sowie das Grün abschneiden und zur Seite legen. Den restlichen Fenchel in grobe Stücke schneiden und in Olivenöl anschwitzen. Mit dem Pernod auffüllen, die Gemüsebrühe zugeben und mit Ascorbinsäure, Salz und Pfeffer abschmecken. Das Ganze ca. 10–15 Minuten bei geschlossenem Deckel schmoren lassen. Danach auf ein Blech geben und auskühlen lassen. Den Fond in einen Topf gießen und kräftig mit Salz abschmecken. Die Gelatine in Wasser einweichen, dem Fond beigeben und darin auflösen.
Die Tomaten von Haut und Kernen befreien und auf einem Küchenpapier trocken tupfen.
Nun die Terrinenform (20 x 5 cm) mit Klarsichtfolie auslegen, die geschmorten Fenchelstücke mit etwas Gelee mischen und ein Drittel in die Form eindrücken. Nun eine Schicht Tomatenfilets einlegen, danach wieder Fenchelstücke. Ein Brett darauflegen und etwas andrücken. Für ca. 6 Stunden im Kühlschrank fest werden lassen. Danach mit einem scharfen Messer in 1 cm breite Scheiben schneiden.
Abschließend mit dem Limonen-Olivenöl nappieren und mit den Fenchelgrünspitzen bestreuen.

FENCHEL UND ORANGE

FENCHELWÜRFEL
2 Schalotten
2 EL Olivenöl
200 g Fenchelabschnitte (die äußeren Blätter)
30 ml Pernod
400 ml Gemüsebrühe
20 g Fenchelgrün
6 Blatt Gelatine bzw. als Ersatz Agar-Agar
½ Zitrone, Saft
1 Prise Zucker
Salz, Pfeffer

FENCHELWÜRFELGELEE
100 ml Gemüsebrühe
1 cl Pernod
1 Blatt Gelatine bzw. Agar-Agar
½ unbehandelte Zitrone, Abrieb
Fenchelgrün, gehackt
Meersalz

DILLPÜREE
1 Kartoffel
30 g junger Blattspinat
50 ml Gemüsebrühe
1 EL Olivenöl
1 Bund Dill
Salz, Pfeffer

FENCHELSALAT
1 Fenchelknolle
3 EL Olivenöl
1 unbehandelte Zitrone, Saft und Abrieb
1 Msp. Sternanispulver
Fenchelgrün, gehackt
Salz, Pfeffer

ORANGENFILETS
4 Orangen
1 Prise Zucker
½ TL Mondamin
1 EL Olivenöl

Für die Fenchelwürfel die Schalotten schälen, in feine Würfel schneiden und in Olivenöl glasig dünsten. Anschließend die Fenchelabschnitte beigeben und mit Pernod ablöschen. Mit Gemüsebrühe auffüllen und so köcheln lassen, bis der Fenchel weich ist. Das Ganze abkühlen lassen und mit dem Fenchelgrün fein mixen. Durch ein Sieb passieren. Die Gelatine in Wasser einweichen, beigeben und auflösen lassen. Mit Salz, Pfeffer, Zucker und Zitronensaft abschmecken. Die Fenchelmasse auf Eis kalt stellen, bis sie leicht anzieht, danach in ein mit Klarsichtfolie ausgelegtes Blech (25 x 18 x 1 cm) geben und ca. 6 Stunden in den Kühlschrank stellen.

Für das Fenchelwürfelgelee die Gemüsebrühe und den Pernod aufkochen und mit Meersalz abschmecken. Die Gelatine einweichen und dazugeben. Das Ganze auf Eis kalt stellen. Kurz vor dem Festwerden den Zitronenabrieb und das Fenchelgrün beigeben und auf die Fenchelwürfelmasse im Blech gießen (ca. 1 mm hoch). 2 Stunden kalt stellen.

Für das Dillpüree die Kartoffel kochen. Alle Zutaten in einen Mixer geben und fein pürieren. Mit Salz und Pfeffer abschmecken. Anschließend in einen Spritzbeutel geben und auf die Fenchelmasse dressieren.

Für den Salat die Fenchelknolle quer auf einer Aufschnittmaschine in feine Scheiben schneiden. Die restlichen Zutaten zu den Scheiben geben und gut vermengen. Abschließend das Fenchelgrün beigeben.

Für die Orangenfilets 2 Orangen schälen und filetieren. Die restlichen Orangen auspressen, den Saft in einen Topf geben, zuckern und mit angerührtem Mondamin binden. Etwa 3 Minuten unter ständigem Rühren köcheln lassen. Anschließend das Olivenöl einrühren.

FENCHELFOND MIT SPIESS VON FENCHEL, TOMATE UND OLIVE

FENCHELFOND
4 große Fenchel
6 EL Olivenöl
3 EL Pernod oder Ricard
1 l Gemüsebrühe
1 TL Butter
Salz, Pfeffer, Piment d'Espelette

SPIESS
4 Minifenchel
1 EL Olivenöl
2 EL Pernod
⅛ l Gemüsebrühe
Salz, Pfeffer
8–12 ligurische Oliven
8–12 confierte Tomaten
(siehe Rezept Seite 28)

Für den Fond die Fenchel putzen, in grobe Stücke schneiden und das Grün beiseitelegen. Die Fenchelstücke in 3 EL Olivenöl andünsten. Mit Salz und Pfeffer würzen und mit dem Pernod oder Ricard ablöschen. Die Gemüsebrühe dazugeben und so lange köcheln lassen, bis der Fenchel weich ist. Danach gut mixen, passieren und in den Topf zurückgeben. Kurz vor dem Servieren erneut aufkochen. Das restliche Olivenöl und die Butter unterrühren und mit dem fein geschnittenen Fenchelgrün und eventuell etwas Piment d'Espelette und Salz verfeinern und abschmecken.

Für den Spieß die Minifenchel halbieren und in Olivenöl andünsten. Mit Salz und Pfeffer würzen und mit dem Pernod ablöschen. Die Gemüsebrühe dazugeben und so lange köcheln lassen, bis der Fenchel weich ist. Die Fenchelhälften, Oliven und confierten Tomaten auf Spieße stecken, den Fond in tiefe Teller geben und den Spieß dazulegen.

TIPP.
Der Fenchelfond kann an heißen Sommertagen kalt serviert werden. Statt der Tomaten können dann Orangenfilets aufgespießt werden.

Kürzlich habe ich mir ein Zitronenbäumchen gekauft – und: Wo steht es jetzt? Nicht auf der Terrasse, nicht in unserem Dachgarten, nein. Es steht in unserer Küche und verströmt einen herrlichen Duft. Ach, wie ich mich daran erfreue. Die zarten Blüten haben so wunderschön ausgesehen, wie aus Wachs oder Porzellan, kaum zu glauben, dass sie in dieser Umgebung so viele Früchte hervorgebracht haben. Knallgelbe leuchtende Lampions, als hätte sie jemand eigens dort hineingehängt, von glänzenden Blättern gerahmt. Wie soll ich es beschreiben – es hat so etwas von Sonne, Frische und guter Laune. Es vermittelt genau diese Spritzigkeit, die ich an dieser Frucht so mag, und ich finde: Säure macht Lust, bringt erst das gewisse Etwas in vieles hinein, ohne aufdringlich zu sein, und kitzelt die Zunge mit einem frechen Reiz…

Die Säure von Zitronen oder Limetten verleiht dem Risotto eine gewisse Leichtigkeit; ein ähnlicher Effekt lässt sich mit Kafirblättern erzeugen, die wie das Zitronengras mitgekocht werden.

ZITRONENRISOTTO MIT CONFIERTER ZITRONENSCHEIBE

CONFIERTE ZITRONENSCHEIBEN
6 unbehandelte Zitronen
1 l Wasser
200 g Zucker
2 Stangen Zitronengras, in grobe Stücke zerteilt
1 Prise Fleur de Sel
½ EL Szechuanpfeffer
2 Lorbeerblätter
2 Sternanise
1 Rosmarinzweig
3 Zimtblüten
3 Zweige Zitronenthymian

ZITRONENRISOTTO
1 Schalotte
1 Knoblauchzehe
1 EL Limonen-Olivenöl
80 g Risottoreis
⅛ l Sekt
½ l Gemüsebrühe
50 g Butter
3 EL Parmesan, gerieben
1 unbehandelte Zitrone, Saft und Abrieb
Salz, Pfeffer aus der Mühle

ZITRONENSAUCE
(siehe Rezept Seite 168)

Für die confierten Zitronenscheiben die Zitronen mit einer Aufschnittmaschine in 1 mm dünne Scheiben schneiden, die Kerne entfernen und die Scheiben in Einmachgläser füllen. Die restlichen Zutaten einmal aufkochen und über die Zitronenscheiben gießen, bis sie bedeckt sind. Die Gläser verschließen und in einem mit Wasser gefüllten Topf 30 Minuten auf dem Herd bei 85 Grad dämpfen. Im Kühlschrank aufbewahrt, halten sich die Zitronenscheiben etwa 3 Monate. Es ist sinnvoll, sie ein paar Tage vor Gebrauch einzulegen, damit sie schön durchziehen.

Für das Zitronenrisotto die fein geschnittene Schalotte und den Knoblauch in Limonen-Olivenöl glasig dünsten, den Reis dazugeben und mit andünsten. Mit dem Sekt ablöschen und zugedeckt, abseits vom Herd, ein paar Minuten ziehen lassen. Wieder auf den Herd stellen, unter ständigem Rühren nach und nach die heiße Gemüsebrühe dazugießen und etwa 20 Minuten gar köcheln. Mit Salz und Pfeffer abschmecken und kurz vor dem Anrichten die Butter und den Parmesan unterziehen. Mit dem Zitronensaft und -abrieb verfeinern.

TIPP.
Das Risotto nur sparsam salzen, da der Parmesan bereits Würze verleiht.
Man kann das Risotto bereits am Vormittag fast fertig garen, das heißt 10–15 Minuten köcheln, dann auf ein Blech geben und mit Folie abgedeckt im Kühlschrank aufbewahren. Kurz vor dem Servieren einfach zu Ende kochen und die restlichen Zutaten wie Butter und Parmesan hinzugeben.

Sollten Sie die Gelegenheit haben, fragen Sie im Delikatessenhandel oder auf dem Großmarkt auch einmal nach Zitronenperlen aus Australien. Sie sind eine echte Entdeckung – wirklich genial – und ein höchst edles Extra für dieses Rezept.

BASMATIREIS »THAILÄNDISCHE ART«

200 g Basmatireis
1 l Kokosmilch
Salz

ZITRONENGRASSAUCE
1 Schalotte
4 Stangen Zitronengras
2 unbehandelte Limonen, Abrieb und Saft
4–6 Korianderzweige
3 Zweige Zitronenthymian
2 EL Limonen-Olivenöl
½ l Gemüsebrühe
¼ l Kokosmilch
Salz

CONFIERTE ZITRONENSCHEIBEN
(siehe Rezept Seite 198)

8 Austernblätter und 8 Zweige Salty Fingers oder Salicornes zum Garnieren

Den Reis in der Kokosmilch so lange kochen, bis er gar ist. Mit Salz abschmecken

Für die Zitronengrassauce die Schalotte schälen und fein schneiden, das Zitronengras klopfen und grob zerkleinern. Schalotten- und Zitronengrasstücke, Limonenabrieb, Koriander und Zitronenthymian in Limonen-Olivenöl andünsten. Den Limonensaft, die Gemüsebrühe und Kokosmilch hinzugeben und etwa auf die Hälfte einkochen. Vom Herd nehmen und etwa 20 Minuten ziehen lassen. Danach passieren und kurz vor dem Servieren erneut aufkochen und mit Salz abschmecken

Die Sauce über den Reis geben und die confierten Zitronenscheiben beifügen. Mit den Austerblättern und Salty Fingers garnieren.

TIPP.
Vor allem die Austernblätter mit den knackigen Salty Fingers verleihen dem Ganzen einen Hauch von Meer.

Sie denken jetzt vielleicht ganz unweigerlich an Ratatouille, Frankreich und die Provence – ich denke an die Eifel! Es ist die Heimat meiner Schwiegereltern – und dort mündet die große Wiese direkt hinter dem Haus in einen wunderschönen Gemüsegarten. Zum größten Stolz von Richard, der hier alles um sich und die Zeit vergisst. Und echten Ehrgeiz entwickelt – seine Devise für den Ernteertrag: Je größer, desto besser! Rücken wir dann alljährlich im Sommer an, wird die ganze Familie geladen: Onkel und Tanten, Nichten und Neffen, Bruder, Schwägerin, Enkel – und Hund. Und gleich einem Ritual machen wir uns dann über Paprika und Zucchini her, bereiten eine riesige Pfanne für alle vor und genießen das Mahl am großen Tisch im Freien. Da sitzen wir stundenlang, lachen und schwatzen – und man könnte glatt vergessen, wie schroff diese Gegend im Alltag ist. Da sieht man mal wieder, ein freudvolles Essen kann Wunder bewirken und Urlaub ist überall…

Wer es etwas rustikaler und einfacher halten möchte, ersetzt die Tarteletts durch einen Pizzateig und legt einfach alles geschichtet auf einem heißen Blech aus.

TARTE PROVENÇALE

MÜRBETEIG
65 g weiche Butter
125 Mehl (Type 405)
1 Ei
1 TL Wasser
1 TL Thymian, gehackt
1 TL Rosmarin, gehackt
2 g Salz

AUBERGINENPÜREE
1 runde, violette Aubergine
½ Knoblauchzehe
2 EL Olivenöl
½ TL Salz
1 g Ascorbinsäure

TARTE-BELAG
1 grüne Zucchini
2 EL Olivenöl
1 kleine bis mittlere Aubergine
1 Tomate der Sorte Cœur de Bœuf
1 Thymianzweig
20 g Parmesan, gerieben
Salz, Pfeffer

PAPRIKAFOND
2 Schalotten
1 Knoblauchzehe
1 Thymianzweig
3 EL Olivenöl
2 rote Paprika
100 ml Gemüsebrühe
10 g Butter
1 Msp. Piment d'Espelette
Salz

Für den Mürbeteig alle Zutaten zu einem Teig verarbeiten und etwa 1 Stunde kalt stellen. Danach den Teig 1 mm dünn ausrollen und ca. 10 cm große Kreise ausstechen. Die Teigböden vorsichtig in vier Tarteletteförmchen (6 cm Ø) eindrücken und leere Förmchen darauf drücken. 30 Minuten im Kühlschrank ruhen lassen. Die Förmchen bei 140 Grad im vorgeheizten Ofen 20 Minuten backen. Abkühlen lassen und die Böden aus den Förmchen lösen.

Für das Auberginenpüree die Aubergine schälen, in grobe Würfel schneiden und in einen Topf geben. Die Knoblauchzehe hacken und mit dem Olivenöl, Salz und der Ascorbinsäure ebenfalls in den Topf geben und etwa 45 Minuten schmoren. Das Ganze in ein Sieb schütten und die Flüssigkeit ausdrücken. Danach mit einer Gabel zerdrücken.

Für den Belag die Zucchini längs halbieren und quer in dünne Scheiben hobeln. Olivenöl in einer Pfanne erhitzen, die Scheiben hineingeben und ca. 1 Minute anschwitzen. Danach auf ein Krepp-Papier legen und auskühlen lassen. Die Aubergine ungeschält ebenfalls in Scheiben schneiden, andünsten und auskühlen lassen. Die Tomate ebenfalls in feine Scheiben schneiden. Das Auberginenpüree in die Tarteletteböden füllen und immer abwechselnd rosettenartig mit den Zucchini-, Auberginen- und Tomatenscheiben belegen. Den Thymianzweig klein hacken und mit dem Parmesan, Salz und Pfeffer darüberstreuen. Nochmals bei 180 Grad 8 Minuten im Backofen garen.

Für den Paprikafond die Schalotten, Knoblauchzehe und den Thymianzweig in 1 EL Olivenöl andünsten. Die Paprika halbieren, entkernen und anschließend in einen Entsafter geben. Den Saft auf den Schalotten-Knoblauch-Ansatz gießen, mit der Gemüsebrühe auffüllen und um zwei Drittel einkochen lassen. Danach mit der Butter und dem restlichen Olivenöl binden. Mit Piment d'Espelette und Salz abschmecken.

COUSCOUS MIT AUBERGINENRÖLLCHEN UND PAPRIKACOULIS

COUSCOUS
8 gehäufte EL Couscous
2 EL Limonen-Olivenöl
⅛ l Gemüsebrühe
1–2 unbehandelte Zitronen, Saft und Abrieb
1 Bund Basilikum, nur die Blätter, fein geschnitten
Salz, Pfeffer, Piment d'Espelette

AUBERGINENRÖLLCHEN
1 Aubergine
3 EL Olivenöl
Salz, Pfeffer

FÜLLUNG
6 EL Olivenöl
1 Zitrone, Saft
⅛ l Gemüsebrühe
1 Thymianzweig, fein geschnitten
Salz, Pfeffer

Für das Couscous alle Zutaten miteinander vermengen und etwa 15 Minuten quellen lassen. Nach Belieben noch einmal mit Salz, Piment d'Espelette, Zitronensaft und Limonen-Olivenöl abschmecken. Falls sich das Couscous nicht abstechen lässt, fehlt etwas Flüssigkeit, zum Beispiel Gemüsebrühe.

Für die Auberginenröllchen von der Aubergine längs acht hauchdünne Scheiben abschneiden. Kurz in Olivenöl auf beiden Seiten hell anbraten und mit Salz und Pfeffer würzen. Auf Krepp-Papier trocken tupfen.

Für die Füllung die restliche Aubergine in grobe Würfel schneiden und in 3 EL Olivenöl andünsten. Mit Salz und Pfeffer würzen. Den Zitronensaft und die Gemüsebrühe hinzugeben und so lange schmoren, bis das Auberginenfleisch zu Püree gegart ist. Das Ganze mit einem Holzlöffel gut verrühren und eventuell noch einmal mit Salz, Pfeffer und Thymian verfeinern. Die Füllung auf die gegarten Auberginenscheiben geben und einrollen. Kurz vor dem Servieren erneut im restlichen Olivenöl anbraten.

TIPP.
An heißen Sommertagen kann das Gericht auch kalt serviert werden und ist so eine erfrischende Vorspeise. Auch die Kombination kalte Paprikacoulis (siehe Rezept Paprikasüppchen S. 208), lauwarmes oder kaltes Couscous mit gebratenen Auberginenröllchen regt den Appetit wunderbar an.

Die confierten Tomaten kann man auch in einem Glas mit Olivenöl konservieren und zu anderen Gerichten servieren, zum Beispiel zu Bohnen oder in einem Omelette oder Rührei.

PAPRIKASÜPPCHEN MIT EINEM SPIESS VON TOMATEN UND LIGURISCHEN OLIVEN

SPIESS VON TOMATEN UND OLIVEN
16 kleine ovale Tomaten oder Kirschtomaten
3 Thymianzweige
1 Rosmarinzweig
2 Knoblauchzehen
2 EL Olivenöl
16 schwarze ligurische Oliven
Salz, Pfeffer, Puderzucker

PAPRIKASÜPPCHEN
8 rote Paprika
1 kleine Kartoffel
1 Schalotte
1 Knoblauchzehe
6 EL Olivenöl
½ l Gemüsebrühe
1 TL Butter
Salz, Pfeffer, Piment d'Espelette

GEMÜSEWÜRFEL ALS EINLAGE (RATATOUILLE)
1 Zucchini
1 rote Paprika
1 kleine Aubergine
1 EL Olivenöl
Salz, Pfeffer

Basilikum zum Garnieren

Für den Tomaten-Oliven-Spieß den Backofen auf 70 Grad vorheizen.
Die Tomaten einritzen, den Strunk entfernen, kurz in kochendem Wasser blanchieren und in Eiswasser abschrecken. Die Haut entfernen und die Tomaten auf ein Backblech geben.
Die Kräuter und Gewürze fein schneiden, den Knoblauch zerdrücken und mit dem Olivenöl über den Tomaten verteilen. Anschließend die Tomaten in den Backofen schieben und über Nacht confieren.
Die Tomaten kann man auch zwei oder drei Tage früher zubereiten. Sie sollten dann in einer Plastikdose mit Deckel im Kühlschrank aufbewahrt werden.
Vor dem Servieren bzw. Aufspießen die Tomaten mit den Oliven kurz anwärmen.

Für das Paprikasüppchen die Paprika ohne Kerngehäuse, aber mit Schale in einen Entsafter geben. Die Kartoffel schälen und in Scheiben schneiden, mit der fein geschnittenen Schalotte und dem geschälten Knoblauch (ohne Keim) in 3 EL Olivenöl anschwitzen. Die Gemüsebrühe und den Paprikasaft hinzugeben, mit Salz und Pfeffer würzen und köcheln lassen, bis die Kartoffeln gar sind. Anschließend alles fein mixen und passieren.
Kurz vor dem Servieren noch einmal aufkochen und mit den Gewürzen abschmecken. Mit dem restlichen Olivenöl und der Butter verfeinern.

Für die Einlage das Gemüse in kleine Würfel schneiden und in Olivenöl braten. Mit Salz und Pfeffer würzen. Sobald die Gemüsewürfel gar sind, in tiefen Tellern anrichten.

Kurz vor dem Servieren die heiße Suppe in die Teller gießen, die Spieße darauf ablegen und mit Basilikum garnieren.

Basilikum ist nicht gleich Basilikum – es gibt hier eine ganze Reihe von Sorten, die sich in feinen Nuancen unterscheiden. Speziell und intensiv im Geschmack ist der kleine provenzalische und hübsch in der Farbe ist der rote Basilikum.

ZUCCHINITASCHEN »PROVENÇALE«

ZUCCHINITASCHEN
3 mittelgroße Zucchini
3 EL Olivenöl
1 EL Parmesan, gerieben
1 EL Mie de Pain
5 Zweige Zitronenthymian, fein geschnitten
Salz, Pfeffer

PROVENZALISCHE MARINADE
2 Paprika (1 gelbe, 1 rote)
½ Aubergine
50 g schwarze ligurische Oliven
4 EL Olivenöl
Salz, Pfeffer
Balsamico
frischer Basilikum

Für die Zucchinifüllung 2 Zucchini in kleine Würfel schneiden, in etwas Olivenöl braten und mit Salz und Pfeffer würzen. Sobald die Zucchiniwürfel gar sind, auf ein Blech legen und erkalten lassen. Anschließend mit dem Parmesan und Mie de Pain mischen und mit dem Zitronenthymian bestreuen.

Für die Zucchinitaschen aus der übrig gebliebenen Zucchini 16 längs geschnittene dünne Scheiben hobeln oder mit einer Aufschnittmaschine schneiden. Kurz in etwas Olivenöl anbraten und mit Salz und Pfeffer würzen. Auf Küchenpapier trocken tupfen und immer zwei Scheiben über Kreuz legen, die Füllung in die Mitte geben und zu einer Tasche zusammenklappen. Kurz vor dem Servieren die Taschen auf beiden Seiten kurz in Olivenöl braten.

Für die provenzalische Marinade die Paprika schälen, entkernen und in kleine Würfel schneiden. Die Aubergine und die Oliven ebenfalls würfeln. Die Gemüsewürfel in 1 EL Olivenöl braten, mit Salz und Pfeffer würzen, abkühlen lassen. Anschließend mit dem restlichen Olivenöl, dem Balsamico und frischen Basilikum zu einer Marinade vermengen.

Etwas Marinade auf die Teller geben, die Taschen darauf anrichten und mit Basilikum garnieren.

Kapern gibt es in verschiedenen Größen und mittlerweile auch ganz unterschiedlich eingelegt; die großen Apfelkapern sind meist deutlich weniger salzig und dennoch sehr würzig – sie schmecken mir auch ganz prima pur.

KLEINE GEFÜLLTE PAPRIKA

4 mittelgroße Paprika
etwas Olivenöl
Salz, Pfeffer

FÜLLUNG
4 Scheiben Graubrot
2 EL Olivenöl
1 TL Knoblauchöl
1 unbehandelte Zitrone, Abrieb
1 Tomate
2 Stangen Staudensellerie
2 Frühlingszwiebeln
10 Oliven
1 Basilikumzweig
1 TL kleine Kapern
20 g Parmesan, gerieben
Salz, Pfeffer, Piment d'Espelette

TOMATENJUS
2 Tomaten
1 EL Butter
2 EL Olivenöl
Salz, Pfeffer, Zucker, Piment d'Espelette

Die Paprika mit einem Bunsenbrenner von außen dünsten, bräunen, bis die Haut sich löst. Die Haut abziehen, das obere Ende der Paprika entfernen und das Kerngehäuse herauslösen. Die Paprika in einen Topf geben, mit etwas Olivenöl, Salz und Pfeffer bei geschlossenem Deckel 3 Minuten dünsten. Danach aus dem Topf nehmen und zur Seite stellen.

Für die Füllung das Graubrot in feine Würfel schneiden und in einer Pfanne in Olivenöl knusprig backen. Das Knoblauchöl und den Zitronenabrieb beigeben. Die Tomate häuten, entkernen und in kleine Würfel schneiden. Die Staudensellerie und Frühlingszwiebeln schälen und fein schneiden. Die Oliven ebenfalls fein schneiden, den Basilikum hacken, und alles mit den Kapern und dem Parmesan unter das Graubrot heben. Gut salzen und mit Pfeffer und Piment d'Espelette abschmecken. Die Paprika füllen und lauwarm stellen.

Für die Jus die Tomaten in grobe Würfel schneiden und mit der Butter und dem Olivenöl in einen Topf geben. Mit Salz, Pfeffer, Zucker und Piment d'Espelette würzen und bei geschlossenem Deckel 15 Minuten köcheln lassen. Danach passieren und etwas einkochen.

GEFÜLLTE ZUCCHINIBLÜTEN MIT RUCOLA

RUCOLAPULVER
3 Bund Rucola

RUCOLAFOND
2 mittelgroße Kartoffeln
2 EL Olivenöl
¼ l Gemüsebrühe
Salz
Rucolapulver nach Belieben

FÜLLUNG
2 kleine Zucchini
1 EL Olivenöl
3 Zweige Zitronenthymian, fein geschnitten
1 EL Parmesan, gerieben
Salz, Pfeffer

ZUCCHINIBLÜTEN
8 Zucchiniblüten mit Stiel, den Stempel möglichst so entfernt, dass die Blüte nicht reißt
1 EL Limonen-Olivenöl
2 EL Gemüsebrühe
1 TL Butter
1 unbehandelte Limone, Abrieb
Salz

Für das Rucolapulver 3 Bund Rucola frittieren und in einem Geschirrtuch ausdrücken oder auswringen. Das trockene Pulver aus dem Geschirrtuch entfernen und in einem kleinen Glas mit Deckel aufbewahren. Man kann auch eine größere Menge Pulver produzieren und im Kühlschrank oder, in kleinere Portionen aufgeteilt, einfrieren – allerdings geht dabei der Nussgeschmack etwas verloren.

Für den Rucolafond die Kartoffeln schälen, in feine Scheiben schneiden und in Olivenöl anschwitzen. Mit Salz würzen, die Gemüsebrühe hinzugeben und köcheln lassen, bis die Kartoffeln gar sind. Mixen, passieren und mit dem Rucolapulver verfeinern.

Für die Füllung die Zucchini in kleine Würfel schneiden und in Olivenöl anschwitzen. Mit Salz und Pfeffer würzen und so lange braten, bis die Zucchiniwürfel gar sind. Kalt stellen.
Die erkalteten Zucchini mit dem Zitronenthymian und Parmesan vermengen und damit die Blüten füllen.

Die gefüllten Zucchiniblüten in Limonen-Olivenöl, etwas Gemüsebrühe und Butter bei geschlossenem Deckel ein paar Minuten garen. Abschließend den Limonenabrieb und etwas Salz darübergeben.

Der Duft französischer Charentais? Unwiderstehlich! Die Süße gelbfleischiger Cantaloupes? Groß! Die Frische einer Galia? Fantastisch! Aber so eine riesige Wassermelone, so ein pfundsschwerer Wasserball, der weckt insgeheim den Italiener in mir – und so wache Bilder an meine Jugendzeit. Der Inbegriff eines unbeschwerten Sommers: Gleich nach dem Frühstück raus an den Baggersee, ganz klar, mit dem Rad – und auf dem Gepäckträger die Erfrischung für alle. Den grünen Kaventsmann mit seinem blassroten Innenleben und den zahllosen Kernen für den Weitspucker-Wettbewerb. Ein ganzes Rudel an Freunden treffen, in der Sonne faulenzen und dann mit dem imposanten Messer fuhrwerken. Riesige Schnitze verteilen und bis auf die Schale herunter vernichten. Der Saft rinnt dabei über Finger, Hände und Arme am ganzen Körper hinab, bis alles klebt. Macht aber gar nix – hast ja eh nur einen Bikini an, springst in das kühle Nass und wäschst das alles wieder ab. Wie schön ist das – und diese Ausgelassenheit ist ja zum großen Glück kein Privileg der Jugend, nein, diese natürliche Ungezwungenheit sollten wir uns immer bewahren. Benimm ist gut – und ein paar Regeln gehören dazu. Aber ab und an sollte man jede Etikette vergessen und einfach nur sein…

Die Wassermelone – einmal nicht zum Dessert, sondern als „richtiger Zwischengang" und überdies angebraten. Ein etwas ungewöhnliches Arrangement mit einem garantierten Überraschungseffekt: Ich schwöre es ...

GEBRATENE WASSERMELONE MIT ZIEGENFRISCHKÄSE UND HASELNÜSSEN

4 große Scheiben Wassermelone
1 EL Olivenöl
8 EL Ziegenfrischkäse
20 ligurische Oliven
20 confierte Tomaten (siehe Rezept Seite 28)
8 provenzalische Basilikumspitzen
100 g Haselnussscheiben, leicht geröstet
3 Pfeffersorten, frisch gemahlen
4 EL Limonen-Olivenöl

Die Melonenscheiben in Olivenöl auf beiden Seiten anbraten. Auf Tellern anrichten. Je 2 EL Ziegenfrischkäse auf die Melone geben, die Oliven und confierten Tomaten darauf verteilen und mit den Basilikumspitzen und den Haselnussscheiben garnieren. Mit Pfeffer und Limonen-Olivenöl verfeinern.

MELONENSÜPPCHEN MIT JOGHURT UND MINZE

1 kleine Wassermelone
1 Cavaillon-Melone
¼ l Läuterzucker (125 g Zucker und ⅛ l Wasser einmal aufgekocht)
4 EL Crème fraîche
frische Minze
evtl. Piment d'Espelette

Die Melonen halbieren, entkernen und mit einem Kugelausstecher viele Bällchen aus dem Fruchtfleisch lösen. Mit der restlichen Wassermelone das Süppchen zubereiten. Dazu das Melonenfleisch mit dem Läuterzucker mixen. Mit der Cavaillon-Melone kann ebenfalls ein Süppchen hergestellt werden. Allerdings würde ich die beiden Suppen nicht miteinander vermengen, da dadurch die rote bzw. gelbe Farbe verloren geht.
Die Melonenkugeln in Teller geben und das kalte Süppchen darübergießen. Die Crème fraîche aufklecksen und mit frischen Minzstreifen verfeinern. Wer dem Ganzen ein bisschen mehr Pep verleihen möchte, kann mit Piment d'Espelette würzen.

Obwohl ich Mohn eigentlich gar nicht so mag, in dieser Form hat er selbst für mich absolutes Suchtpotenzial. Ersetzen Sie die Melone auch einmal durch ein Zitronen- oder Apfelsorbet – ein Traum…

MOHNEIS MIT MELONE

MOHNEIS
½ l Sahne
½ l Milch
280 g Zucker
350 g Backmohn (Mohnmark)
12 Eigelb

MELONENSÜPPCHEN
(siehe Rezept Seite 220)

Für das Mohneis Sahne, Milch, Zucker und Mohn zum Kochen bringen. Etwas von der heißen Masse abnehmen, mit den Eigelben verrühren und zurückgießen. Das Ganze unter ständigem Rühren mit einem Schneebesen zur Rose abziehen. Dann passieren und in der Eismaschine drehen.

Das Melonensüppchen in eine Schale geben, das Mohneis einlegen und eventuell ein paar Melonenkugeln dazugeben.

Die Cavaillon-Melone aus der Provence verströmt einen unglaublichen Duft, den ich so sehr liebe, weil er die Küche augenblicklich mit Sommer und mich mit guter Laune erfüllt.

MELONENSORBET AUF MINZCOULIS

MINZCOULIS
(siehe Rezept Seite 228)

MELONENSORBET
1 Cavaillon-Melone
¼ l Läuterzucker (125 g Zucker und ⅛ l Wasser einmal aufgekocht)
1 EL Waldhonig
1 Prise Salz

MERINGENHÜTCHEN
100 g Eiweiß
100 g Zucker
100 g Puderzucker
Piment d'Espelette

1 Schale Erdbeeren

Für das Sorbet die Melone halbieren und entkernen. Für die Garnitur mit einem Kugelausstecher ein paar Bällchen aus dem Melonenfleisch herauslösen und beiseitestellen. Das restliche Fruchtfleisch von der Schale schneiden und mit Läuterzucker, Honig und Salz mixen. In der Eismaschine frieren.

Für die Meringenhütchen das Eiweiß mit dem Zucker so lange zu Eischnee schlagen, bis die Masse zu glänzen anfängt. Anschließend den Puderzucker unterrühren. Mit einem Spritzbeutel die Masse auf ein Blech mit Pergamentpapier hütchenförmig spritzen. Mit Piment d'Espelette bestreuen und bei 70 Grad im vorgeheizten Backofen 3 Stunden trocknen.

Die Minzcoulis auf Teller geben, die Erdbeeren und Melonenkugeln daraufsetzen. Kurz vor dem Servieren das Melonensorbet in die Mitte geben und mit den Meringenhütchen und eventuell mit einer Minzspitze garnieren.

Ich schätze es, im Hochsommer vom frühen Zwitschern der Vögel und dem gleißenden Licht bei Anbruch des Tages geweckt zu werden. Welch ein unbeschreiblicher kleiner Luxus, bei weit offenem Fenster zu schlafen, fast so, als sei man direkt im Freien. Die Sonne kitzelt die Nase mit wärmenden Strahlen, die Luft ist bestenfalls noch durch einen nächtlichen Prasselregen geklärt und der Blick in den tiefblauen Himmel lässt dich unweigerlich wach werden: Aufstehen – hinein in diesen Tag! Heraus auf den Dachgarten, nach den wilden Walderdbeeren schauen, die sich vom Wind gesät ringsum zwischen Blumen und Sträuchern verstecken. Sind die ersten erspäht, siehst du sie plötzlich überall und kannst gar nicht anders – du musst diese tiefroten Winzlinge sofort vernaschen: Süßer kann ein Morgen nicht starten… Und wer mit offenen Augen durch die Natur wandert und sich auf die Suche begibt, wird staunen, in welcher Fülle es diese unwiderstehlichen Verlockungen dort zu finden gibt, sie warten nur darauf…

Frisch gezupfte Kräuter oder Gewürze setzen Beeren und Obst ein raffiniertes i-Tüpfelchen auf; ist keine Minze zur Hand, verwende ich hier auch sehr gerne rosa Pfeffer. Er ist lieblich und sinnlich...

ERDBEEREN, MELONE UND MINZE

MINZCOULIS
1/8 l Sekt
1/8 l Weißwein
1/4 l Läuterzucker (125 g Zucker und 1/8 l Wasser einmal aufgekocht)
1 Bund Minze, gezupft und ohne Stiel
2 g Agar-Agar
1/16 l Sekt, zum Verfeinern
1 Zitrone, Saft

1 Honigmelone
250 g Erdbeeren

Crème fraîche nach Belieben

Für die Minzcoulis den Sekt, Weißwein und Läuterzucker mit einem halben Bund gezupfter Minzblätter einmal aufkochen und ca. 20 Minuten ziehen lassen. Durch ein Sieb passieren, erneut aufkochen und das Agar-Agar unterrühren.
Die Suppe in eine Schüssel geben und auf Eis mit einem Schneebesen unter ständigem Schlagen kalt rühren. Anschließend mit dem Sekt und Zitronensaft verfeinern. Kurz vor dem Servieren die kalte Suppe mit den restlichen Minzblättern in einer Küchenmaschine fein mixen.

Die Honigmelone halbieren, das Kerngehäuse entfernen und aus dem Fruchtfleisch mit einem Kugelausstecher Bällchen herausschneiden. Die Erdbeeren putzen, den Strunk entfernen und halbieren.

Die Melonenkugeln und Erdbeerhälften auf Tellern anrichten, die Minzcoulis verteilen, etwas Crème fraîche über das Ganze geben und mit einer Minzspitze dekorieren.

TIPP.
Das restliche Melonenmark mit etwas weißem Portwein mixen und als kalte Suppe servieren. Aus dem Fruchtfleisch kann ebenso ein Sorbet zubereitet werden (siehe Rezept Seite 224).

Was soll ich sagen? Diese Kreation ist etwas ganz Besonderes! In diesem Fall lässt sich auf nichts verzichten und auch keine der Zutaten ersetzen!

ESTRAGONEIS AUF FENCHELSAUCE UND ERDBEEREN

ESTRAGONEIS
2 Blatt Gelatine bzw. als Ersatz Agar-Agar
1 Bund Estragon
500 g Sauerrahm
160 g Zucker
1 Zitrone, Saft

FENCHELSAUCE
2 Fenchel
1 EL Olivenöl
3 EL Pernod oder Ricard
½ l Orangensaft
150 g Zucker
1 TL Mondamin

500 g Erdbeeren
Puderzucker

1 Bund Estragon, nur die Blätter

Für das Estragoneis die Gelatine in kaltem Wasser einweichen, in lauwarmem Wasser auflösen und gut ausdrücken. Alle Zutaten in einen Mixer geben, fein mixen und in einer Eismaschine zu Eis drehen.

Für die Fenchelsauce den Fenchel in kleine Würfel schneiden (das Grün beiseitestellen), in Olivenöl anschwitzen und mit dem Pernod oder Ricard ablöschen. Den Orangensaft und Zucker hinzugeben und so lange köcheln, bis die Fenchelwürfel gar sind. Die Würfel mit einem Pürierstab mixen und durch ein Sieb passieren. Die Sauce erneut aufkochen, mit dem in etwas Wasser angerührten Mondamin abbinden und kaltrühren. Abschließend das Fenchelgrün unterheben.

Die Erdbeeren waschen, den Strunk entfernen, mit etwas Puderzucker bestreuen.

Die Fenchelsauce in Teller geben, die Erdbeeren und das Estragoneis dazugeben und servieren.

TIPP.
Die Erdbeeren entfalten ein schöneres Aroma, wenn sie nicht eiskalt aus dem Kühlschrank kommen. Im Übrigen ist das mit jedem Obst so!

Dunkle Beerenfrüchte bringen eine satte blau-violette Farbe in Gebäck und Desserts ein; sie sind auch ganz wunderbar zum Einfärben von Teigen geeignet.

HEIDELBEERTARTE MIT BROMBEEREN

MÜRBETEIG
65 g weiche Butter
125 Mehl (Type 405)
1 Ei
1 TL Wasser
2 g Salz

BELAG
⅛ l Milch
25 g Zucker
30 g Grieß
1 Ei
200 g wilde frische Heidelbeeren

Puderzucker zum Bestäuben
200 g Brombeeren
etwas Crème fraîche
Minze

Für den Mürbeteig alle Zutaten zu einem Teig verarbeiten und etwa 1 Stunde kalt stellen. Danach den Teig 1 mm dünn ausrollen und ca. 10 cm große Kreise ausstechen. Die Teigböden vorsichtig in vier Tartelletteförmchen (6–8 cm Ø) eindrücken und leere Förmchen darauf drücken. 30 Minuten im Kühlschrank ruhen lassen. Die Förmchen bei 140 Grad im vorgeheizten Ofen 20 Minuten backen. Abkühlen lassen und die Böden aus den Förmchen lösen.

Für den Belag die Milch mit dem Zucker aufkochen, den Grieß einrühren und quellen lassen. Das Eigelb zugeben und leicht abziehen. Die Heidelbeeren hinzugeben und vorsichtig unterrühren. Das Eiweiß steif schlagen und unterheben. Die Masse in die Tartelettеböden geben und bei 150 Grad 15–20 Minuten im vorgeheizten Backofen stocken lassen.

Kurz vor dem Servieren in kleine Tortenstücke schneiden, mit Puderzucker bestäuben und mit zerdrückten Brombeeren, etwas Crème fraîche und Minze anrichten.

TIPP.
Die Brombeeren erst auf die Teller legen und dann mit einer Gabel andrücken.

Die säuerlich-süßen Aromen der Himbeeren nehmen den Roten Beten das Erdige und hebeln es mit erfrischender Leichtigkeit aus.

ROTE BETE UND HIMBEEREN

ROTE-BETE-COULIS
15 kleine junge Rote Beten
⅛ l Himbeermark
¼ l Läuterzucker (⅛ l Wasser mit 125 g Zucker einmal aufgekocht)
1 gehäufter TL Mondamin
1 Zitrone, Saft

HIMBEERSORBET
¼ l Himbeermark
¼ l Läuterzucker

4 gehäufte EL Crème fraîche oder Frischkäse

500 g späte Himbeeren
Puderzucker

Für die Rote-Bete-Coulis die Roten Beten schälen, in grobe Würfel schneiden und durch den Entsafter geben – dies ergibt ca. ¼ l Rote-Bete-Saft. Den Saft mit dem Himbeermark und dem Läuterzucker aufkochen. Das Mondamin in etwas Läuterzucker auflösen und mit einem Schneebesen unter die Rote-Bete-Himbeer-Masse rühren. Das Ganze unter ständigem Rühren ein paar Minuten köcheln lassen und danach auf Eis kaltrühren. Mit dem Zitronensaft verfeinern.

Für das Sorbet das Himbeermark mit dem Läuterzucker vermengen und in der Eismaschine frieren.

Die Rote-Bete-Coulis auf die Teller gießen, die frischen Himbeeren darauf anrichten und mit Puderzucker bestreuen, das Sorbet als Nocke oder Kugel auf die Coulis geben und mit Crème fraîche oder Frischkäse verfeinern.

TIPP.
Wer keine Eismaschine hat, kann auch Crème fraîche über die Himbeeren geben

REGISTER

REZEPTE VON A-Z

GRUNDREZEPTE

DANKE

Alles im Leben hat den Wert, den wir selbst ihm geben und zugestehen; es liegt in uns, was wir darin sehen und als kostbar empfinden. Das gilt für mich vor allem für die Menschen, die mir etwas Besonderes sind und mir viel bedeuten, für unsere Gäste – und für all jene, die mir persönlich nahe stehen. Sie sind an dieser Stelle beim Namen genannt, ohne Worte, denn die braucht es hier nicht, ich bin sicher, jeder von ihnen weiß, was uns persönlich verbindet.

JUSTINE UDO MAMI PAPI HEDWIG RICHARD GISELA MIMI JANINE BERNARD CLAUDE ERIC DAGMAR MURIEL BERND YANN NATHALIE CHRISTOPH MARIE JÜRGEN ELKE BÄRBEL REINER NICKI ANNIKA BENJAMIN FLORIAN MAXIMILIAN PHILIPP IRINA MARTINA MANON FELIX EMILIE BERIT LEA MONA PAUL MICHAEL ALEX SANNA UTE CHRISTIAN BASTI JULIAN CHRISTIANE DOMINIK ECKI HENRI SIMON SZANTO SISSEL SANDRINE MIRI MAXI CATHRINE VALENTIN STEFFI ELLEN BRIGITTE SABINE MELANIE PETER USCHI JÜRGEN RIA MONIKA INGE DIETMAR HELLA ANTJE GEORGE WERNER ANNETTE AMALA MILON JULIUS LILLI KATRIN REINHILD CHRISTINE HANSJÖRG BEA BERND CATALINA STEFAN ANITA JOACHIM SCHNECKE ANDREA NOBI FABI ELFRIEDE ANTONINO DIANA MARTIN SIMONE PETERLE DIETER SVEN JAKOB MAX FRANK PELLE KIM CAROLINA JONNY TANJA EMMA MICHELE JÖRG FRITZ BETTINA SABINE ANEGRETH KLAUS GERLINDE WOLFGANG URSI SCHÖN, DASS ES EUCH GIBT DOUCE

2. Auflage 2015

Rombach Edition KG, Freiburg i. Br.
Idee: Michael Wissing, Douce Steiner, Udo Weiler
Rezepte: Douce Steiner, Udo Weiler
Fotografie: © Michael Wissing BFF,
www.michael-wissing.de
Grafik Design, Illustration und Satz: Sanna Andrée-Müller,
www.andree-graphics.com
Text: Douce Steiner
Lektorat: Dr. Friederike Wursthorn
Postproduktion: Joss Andres
Druck: Poppen und Ortmann KG, Freiburg i. Br.

ISBN 978-3-9815555-3-0

www.edition-rombach.de